KB033827

기적의 쓰기 학습법으로 공부하는

JLPT N4+N5
일본어 단어
쓰기 노트

박다진 지음

세나북스

외국어를 잘하려면 어떤 능력을 길러야 할까요?

언어의 4가지 기능(듣기, 말하기, 읽기, 쓰기)을 유기적으로 연계하여 자연스러운 의사소통을 하려면 상황에 맞는 적절한 단어를 사용할 수 있어야 합니다. 따라서 언어 학습에서 '단어 암기'는 가장 기본이 되는 첫 번째 요소라 할 수 있습니다. 일본어는 우리말과 어순이 같아 쉽게 접근할 수 있는 외국어이기도 하지만 한자가 대부분이기 때문에 어려움 또한 많이 느낄 수밖에 없습니다.

급수가 올라갈수록 단어 수가 증가하고 한자를 익히는 데에 적지 않은 시간이 소요되어 학습에 많은 시간을 투자해야 합니다. 완벽한 문장을 구사하고자 한다면 그만큼 다양한 단어를 알아야 표현이 자유로울 수 있습니다. 이것이 단어학습에 많은 시간을 투자해야만 하는 이유입니다.

이 책은 실생활에서 자주 사용하고 JLPT(일본어능력시험) N4와 N5에서 반드시 알아야 하는 필수 단어와 한자를 다루고 있습니다. 단어는 품사별로 구성하고 50음도 순으로 배치하였으며 출제 빈도가 높은 N4와 N5 단어 860개를 엄선하였습니다. 또한 단어만 학습하는 것보다 문장 속에서의 쓰임을 통해 그 의미를 파악하는 것이 단어 습득 면에서 효율성이 뛰어나고 기억에 오래 남기에 문장과 함께 익힐 수 있도록 구성하였습니다.

『소리 내어 읽고 싶은 일본어』라는 책으로 일본에서 유명한 저자 '사이토 다카시'는『書いて心に刻む日本語』(써서 마음에 새기는 일본어)라는 책에서 쓰기의 힘에 관해 이야기합니다. 글을 쓴다는 것은 자신의 몸을 사용한다는 적극성이 단어와의 관계를 더 깊게 해주고 그 문자를 마음에 새기는 효과가 있다고 말합니다. 그리고 문자를 쓴다는 행위에는 마음을 편하게 하는 효과도 있다고 합니다.

이 책은 반드시 알아야 하는 일본어의 기본 필수 단어와 관련 문장을 직접 써보고 익힐 수 있도록 구성하였습니다. 이 방법은 머리와 함께 손이 기억하는 '기적의 쓰기 학습법'이라고 확신합니다. 오래 머리에 남아 학습 효과도 좋지만 공부하는 과정을 충분히 즐기고 색다른 성취감을 얻을 수 있습니다. 이 책을 다 공부하고 나면 기본 일본어 단어 실력이 월등히 좋아졌음을 몸으로 느끼실 수 있을 겁니다. JLPT N4와 N5 단어 준비와 동시에 중급으로 가는 단어와 한자 실력을 제대로 갖출 수 있게 됩니다.

매일 20개의 단어와 문장을 38일 동안의 학습으로 엮은 이 한 권의 책이 여러분의 일본어 공부에 도움이 되는 작은 디딤돌이 되기를 진심으로 기원합니다.

저자 박다진

Part 4. N4 명사

Part 5. N4 형용사 · 동사

Part 6. N4 부사 · 접속사

이 책의 사용법

✏️ 총 38일차의 일자별 구성으로 매일 공부!

DAY1을 끝내면
총 860개 단어 중
20개 클리어!

✏️ 써보면서 단어와 읽는 법을 익히도록 구성
문장과 함께 외우면 더 효율적!

あね 姉	わたし あね きょうし 私の姉は教師です。
언니	나의 언니는 교사입니다.
姉	私の姉は教師です。

따라 쓰기 칸과 직접 써보기 칸이 한 줄씩 있어요!

본문 문장에 나오는 단어 총정리

いけ　　さかな
池 연못 | 魚 물고기 |

　　　　　かれ　　　こ ど も
풀리다 | 彼 그 | 子供

모든 한자에 루비가 있어서 공부하기 편해요!

플러스 단어 100개도 추가로 학습!

アパート	
아파트	
オートバイ	
오토바이	

플러스 단어도 쓰면서 외우세요!

매일매일 쓰다 보면
860 단어 공부 완료!

Part 1.

N5
명사

번호	단어	읽는 법	뜻	체크
1	秋	あき	가을	☐
2	朝	あさ	아침	☐
3	朝御飯	あさごはん	아침밥	☐
4	足	あし	다리,발	☐
5	頭	あたま	머리	☐
6	あなた	あなた	당신	☐
7	雨	あめ	비	☐
8	家	いえ	집	☐
9	いくら	いくら	얼마	☐
10	池	いけ	연못	☐
11	医者	いしゃ	의사	☐
12	いす	いす	의자	☐
13	一日	いちにち	하루	☐
14	意味	いみ	의미	☐
15	入り口(入口)	いりぐち	입구	☐
16	色	いろ	색	☐
17	上	うえ	위	☐
18	後ろ	うしろ	뒤	☐
19	歌	うた	노래	☐
20	家	うち	집(우리집)	☐

✏️ **문장으로 단어를 익히고 손으로 직접 써보세요**

秋 あき 가을	いつの間にか秋になりました。 ま　　　あき 어느새 가을이 되었습니다.
秋	いつの間にか秋になりました。

朝 あさ 아침	今日は朝早く約束があります。 きょう　あさはや　やくそく 오늘은 아침 일찍 약속이 있습니다.
朝	今日は朝早く約束があります。

朝御飯 あさ ご はん 아침밥	私は朝御飯を食べて学校へ行きます。 わたし　あさ ご はん　　た　　　がっこう　い 나는 아침밥을 먹고 학교에 갑니다.
朝御飯	私は朝御飯を食べて学校へ行きます。

足 あし 다리, 발	長く歩いたので足が痛いです。 なが　ある　　　　あし　いた 오래 걸어서 다리가 아픕니다.
足	長く歩いたので足が痛いです。

いつの間にか 어느새 | 秋 가을 | ~になる ~이/가 되다 | 今日 오늘 | 朝 아침 | 早く 급
히/빨리/일찍이 | 約束 약속 | ある 있다 | 私 나/저 | 朝御飯 아침밥 | 食べる 먹다 |
学校 학교 | 行く 가다 | 長い 길다/(세월·시간이)오래다 | 歩く 걷다 | 足 다리/발 | 痛い 아프다

11

✏️ 문장으로 단어를 익히고 손으로 직접 써보세요

あたま 頭	あたま いた 頭が痛いです。
머리	머리가 아픕니다.
頭	頭が痛いです。

あなた	あなたが好きです。 す
당신	당신을 좋아합니다.
あなた	あなたが好きです。

あめ 雨	いまあめ ふ ソウルは今雨が降っています。
비	서울은 지금 비가 오고 있습니다.
雨	ソウルは今雨が降っています。

いえ 家	いえ なか はし おこ 家の中で走ると怒られる。
집	집 안에서 뛰면 야단맞는다.
家	家の中で走ると怒られる。

あたま　いた
頭 머리 | 痛い 아프다 | あなた 당신 | 好きだ 좋아하다 | ソウル 서울 | 今 지금 |
あめ　ふ　　　　　　　　　　　　　いえ　なか　　　　はし　　　おこ
雨 비 | 降る (비·눈 등이)내리다/오다 | 家 집 | 中 안/속 | 走る 뛰다 | 怒る 성내다/화내
おこ
다/꾸짖다 (怒られる 야단맞다)

✏️ 문장으로 단어를 익히고 손으로 직접 써보세요

いくら 얼마	このかばんはいくらですか。
	이 가방은 얼마입니까?
いくら	このかばんはいくらですか。

いけ **池** 연못	あの池には鯉がたくさんいます。
	저 연못에는 잉어가 많이 있습니다.
池	あの池には鯉がたくさんいます。

い しゃ **医者** 의사	わたし あに い しゃ 私の兄は医者です。
	나의 형은 의사입니다.
医者	私の兄は医者です。

いす 의자	つくえ まえ 机の前にいすがあります。
	책상 앞에 의자가 있습니다.
いす	机の前にいすがあります。

この 이 | かばん 가방 | いくら 얼마 | ですか ~ㅂ니까 | あの 저 | 池 연못 | 鯉 잉어 | たくさん (수나 분량이)많음 | 私 나/저 | 兄 형/오빠 | 医者 의사 | 机 책상 | 前 앞 | いす 의자 | ~が ~이/가 | あります (사물·식물·무생물)있습니다

✎ 문장으로 단어를 익히고 손으로 직접 써보세요

<ruby>一日<rt>いちにち</rt></ruby>	<ruby>一日<rt>いちにち</rt></ruby>に<ruby>二食<rt>にしょく</rt></ruby><ruby>食<rt>た</rt></ruby>べています。
하루	하루에 두 끼 먹고 있습니다.
一日	一日に二食食べています。

<ruby>意味<rt>いみ</rt></ruby>	どういう<ruby>意味<rt>いみ</rt></ruby>ですか。
의미	어떤 의미입니까?
意味	どういう意味ですか。

<ruby>入り口<rt>いぐち</rt></ruby>	チケット<ruby>売り場<rt>うば</rt></ruby>は<ruby>公園<rt>こうえん</rt></ruby>の<ruby>入り口<rt>いぐち</rt></ruby>にございます。
입구	매표소는 공원입구에 있습니다.
入り口	チケット売り場は公園の入り口にございます。

<ruby>色<rt>いろ</rt></ruby>	<ruby>彼女<rt>かのじょ</rt></ruby>は<ruby>明るい<rt>あか</rt></ruby><ruby>色<rt>いろ</rt></ruby>のワンピースがよく<ruby>似合う<rt>にあ</rt></ruby>。
색	그녀는 밝은 색 원피스가 잘 어울린다.
色	彼女は明るい色のワンピースがよく似合う。

<ruby>一日<rt>いちにち</rt></ruby> 하루 | <ruby>二食<rt>にしょく</rt></ruby> 두 끼(2회분의 식사량) | <ruby>食<rt>た</rt></ruby>べる 먹다 | どういう 어떤 | <ruby>意味<rt>いみ</rt></ruby> 의미 | チケット<ruby>売り場<rt>うば</rt></ruby> 매표소 | <ruby>公園<rt>こうえん</rt></ruby> 공원 | <ruby>入り口<rt>いぐち</rt></ruby>(<ruby>入口<rt>いりぐち</rt></ruby>) 입구 | ござる 있다(ある '있다'의 높임 말) | <ruby>彼女<rt>かのじょ</rt></ruby> 그녀 | <ruby>明るい<rt>あか</rt></ruby> 밝다 | <ruby>色<rt>いろ</rt></ruby> 색 | ワンピース 원피스 | よく 잘 | <ruby>似合う<rt>にあ</rt></ruby> 어울리다

✏️ **문장으로 단어를 익히고 손으로 직접 써보세요**

うえ **上** 위	テーブルの上に花瓶があります。
	테이블 위에 꽃병이 있습니다.
上	テーブルの上に花瓶があります。

うし **後ろ** 뒤	かれ うし ふ む 彼は後ろを振り向いた。
	그는 뒤를 돌아봤다.
後ろ	彼は後ろを振り向いた。

うた **歌** 노래	おんがく き うた うた 音楽を聞きながら歌を歌います。
	음악을 들으면서 노래를 부릅니다.
歌	音楽を聞きながら歌を歌います。

うち **家** 집	うち えき ある にじゅっぷん 家から駅まで歩いて20分かかります。
	집에서 역까지 걸어서 20분 걸립니다.
家	家から駅まで歩いて20分かかります。

テーブル 테이블 ┃ 上 위 ┃ 花瓶 꽃병 ┃ 彼 그 ┃ 後ろ 뒤 ┃ 振り向く (뒤)돌아보다 ┃
音楽 음악 ┃ 聞く 듣다 ┃ ~(し)ながら ~(하)면서 ┃ 歌 노래 ┃ 歌う 부르다 ┃ 家 집 ┃
~から ~에서/~부터 ┃ 駅 역 ┃ ~まで ~까지 ┃ 歩く 걷다/산책하다 ┃ かかる 걸리다

번호	단어	읽는 법	뜻	체크
1	海	うみ	바다	☐
2	絵	え	그림	☐
3	映画	えいが	영화	☐
4	映画館	えいがかん	영화관	☐
5	英語	えいご	영어	☐
6	駅	えき	역	☐
7	鉛筆	えんぴつ	연필	☐
8	お菓子	おかし	과자	☐
9	お金	おかね	돈	☐
10	お酒	おさけ	술	☐
11	お皿	おさら	접시	☐
12	お茶	おちゃ	차	☐
13	お手洗い	おてあらい	화장실	☐
14	男	おとこ	남자	☐
15	男の子	おとこのこ	남자 아이	☐
16	大人	おとな	어른	☐
17	おなか	おなか	배	☐
18	お弁当	おべんとう	도시락	☐
19	音楽	おんがく	음악	☐
20	女	おんな	여자	☐

✏️ **문장으로 단어를 익히고 손으로 직접 써보세요**

うみ **海** 바다	海が見える部屋はいくらですか。
	바다가 보이는 방은 얼마입니까?
海	海が見える部屋はいくらですか。

え **絵** 그림	私は昨日、絵を描きました。
	나는 어제 그림을 그렸습니다.
絵	私は昨日、絵を描きました。

えい が **映画** 영화	コーラを飲みながら映画を見ます。
	콜라를 마시면서 영화를 봅니다.
映画	コーラを飲みながら映画を見ます。

えい が かん **映画館** 영화관	ゆうびんきょく となり えい が かん 郵便局の隣に映画館があります。
	우체국 옆에 영화관이 있습니다.
映画館	郵便局の隣に映画館があります。

うみ 海 바다 | み 見える 보이다 | へ や 部屋 방 | いくら 얼마 | わたし 私 나/저 | きのう 昨日 어제 | え 絵 그림 | え が か 描く/描く 그리다/그림을 그리다/묘사하다 | コーラ 콜라 | の 飲む 마시다 | ~(し)ながら ~(하)면서 | えい が 映画 영화 | み 見る 보다 | ゆうびんきょく 郵便局 우체국 | となり 隣 이웃/옆 | えい が かん 映画館 영화관

✎ **문장으로 단어를 익히고 손으로 직접 써보세요**

えいご **英語** 영어	**すいようび えいご しけん** 水曜日は英語の試験があります。 수요일은 영어 시험이 있습니다.
英語	水曜日は英語の試験があります。

えき **駅** 역	**えきまえ ぎんこう** 駅前に銀行があります。 역 앞에 은행이 있습니다.
駅	駅前に銀行があります。

えんぴつ **鉛筆** 연필	**えんぴつ けし ひつよう** 鉛筆と消ゴムが必要です。 연필과 지우개가 필요합니다.
鉛筆	鉛筆と消ゴムが必要です。

かし **お菓子** 과자	**おい こ かし す** 甥っ子はお菓子が好きです。 조카는 과자를 좋아합니다.
お菓子	甥っ子はお菓子が好きです。

すいようび 水曜日 수요일 | **えいご** 英語 영어 | **しけん** 試験 시험 | ~が ~이/가 | あります (사물·식물·무생물)있습니다 | **えき** 駅 역 | ~前 ~앞 | ~に ~에 | **ぎんこう** 銀行 은행 | **えんぴつ** 鉛筆 연필 | ~と ~와/과 | **けし** 消ゴム 지우개 | **ひつよう** 必要 필요 | **おい こ** 甥っ子 조카 | **かし** お菓子 과자 | ~が好きだ ~을/를 좋아하다

✎ **문장으로 단어를 익히고 손으로 직접 써보세요**

お金 かね 돈	財布にお金がありません。
	지갑에 돈이 없습니다.
お金	財布にお金がありません。

お酒 さけ 술	夫はお酒をよく飲みます。
	남편은 술을 자주 마십니다.
お酒	夫はお酒をよく飲みます。

お皿 さら 접시	母はきれいなお皿を集めています。
	엄마는 예쁜 접시를 모으고 있습니다.
お皿	母はきれいなお皿を集めています。

お茶 ちゃ 차	友達とお茶を飲みながら話を交します。
	친구들과 차를 마시며 이야기를 나눕니다.
お茶	友達とお茶を飲みながら話を交します。

財布 지갑ㅣ~に ~에ㅣお金 돈ㅣ夫 (나의)남편ㅣお酒 술ㅣよく 잘/자주ㅣ飲む 마시다ㅣ母 (나의)엄마ㅣきれいだ 예쁘다/깨끗하다ㅣお皿 접시ㅣ集める 모으다ㅣ友達 친구ㅣお茶 차ㅣ~(し)ながら ~(하)면서ㅣ話を交す 이야기를 나누다/주고받다

[N5 명사] あ행 단어 쓰기 04

✏️ 문장으로 단어를 익히고 손으로 직접 써보세요

て あら **お手洗い**	て あら お手洗いはどこですか。
화장실	화장실은 어디입니까?
お手洗い	お手洗いはどこですか。

おとこ **男**	おとこ　　はんにん　ちが あの男が犯人に違いない。
남자	저 남자가 범인이 틀림없다.
男	あの男が犯人に違いない。

おとこ　こ **男の子**	おとこ　こ　けんこう　しゅっせ　いの たんごのせっくは男の子の健康と出世を祈る。
남자아이	단오절은 남자아이의 건강과 출세를 기원한다.
男の子	たんごのせっくは男の子の健康と出世を祈る。

おとな **大人**	おとな　にゅうじょうりょう　たか 大人は入場料が高いです。
어른	어른은 입장료가 비쌉니다.
大人	大人は入場料が高いです。

て あら
お手洗い 화장실 | どこ 어디 | ~ですか ~ㅂ니까 | あの 저 | 男 남자 | 犯人 범인
| 違い 틀림 | ない 없다 | たんごのせっく 단오절 | 男の子 남자아이 | 健康 건강
出世 출세 | 祈る 빌다/기원하다 | 大人 어른 | 入場料 입장료 | 高い 비싸다/높다

✎ 문장으로 단어를 익히고 손으로 직접 써보세요

おなか	おなかが痛くて薬を飲みました。
배	배가 아파서 약을 먹었습니다.
おなか	おなかが痛くて薬を飲みました。

お弁当	母は毎日お弁当を作ってくれる。
도시락	엄마는 매일 도시락을 싸 주신다.
お弁当	母は毎日お弁当を作ってくれる。

音楽	音楽を聞きながらコーヒーを飲みます。
음악	음악을 들으면서 커피를 마십니다.
音楽	音楽を聞きながらコーヒーを飲みます。

女	あの女の子はとても勇敢です。
여자	저 여자아이는 매우 용감합니다.
女	あの女の子はとても勇敢です。

おなか 배 | 痛い 아프다 | 薬 약 | 飲む (약을)먹다/마시다 | 母 (나의)엄마 | 毎日 매일 |
お弁当 도시락 | 作る 만들다 | くれる 주다 | 音楽 음악 | 聞く 듣다 | ~(し)ながら
~(하)면서 | コーヒー 커피 | 女 여자 | 子 아이 | とても 매우/대단히 | 勇敢だ 용감하다

번호	단어	읽는 법	뜻	체크
1	外国人	がいこくじん	외국인	☐
2	会社	かいしゃ	회사	☐
3	階段	かいだん	계단	☐
4	顔	かお	얼굴	☐
5	学生	がくせい	학생	☐
6	傘	かさ	우산	☐
7	風	かぜ	바람	☐
8	風邪	かぜ	감기	☐
9	家族	かぞく	가족	☐
10	学校	がっこう	학교	☐
11	角	かど	모퉁이	☐
12	かばん	かばん	가방	☐
13	花瓶	かびん	화병/꽃병	☐
14	紙	かみ	종이	☐
15	体	からだ	몸	☐
16	川	かわ	강	☐
17	漢字	かんじ	한자	☐
18	木	き	나무	☐
19	切手	きって	우표	☐
20	牛乳	ぎゅうにゅう	우유	☐

✏️ 문장으로 단어를 익히고 손으로 직접 써보세요

がいこくじん **外国人** 외국인	ここは外国人が多いです。 이곳은 외국인이 많습니다.
外国人	ここは外国人が多いです。

かいしゃ **会社** 회사	今日は会社に行きません。 오늘은 회사에 가지 않습니다.
会社	今日は会社に行きません。

かいだん **階段** 계단	階段を利用してください。 계단을 이용해 주세요.
階段	階段を利用してください。

かお **顔** 얼굴	顔に傷が付きました。 얼굴에 상처가 났습니다.
顔	顔に傷が付きました。

ここ 여기/이곳 | ~は ~은/는 | 外国人 외국인 | ~が ~이/가 | 多い 많다 | 今日 오늘 |
会社 회사 | ~に ~에 | 行く 가다(行きません 가지 않습니다) | 階段 계단 | ~を ~을/를
| 利用 이용 | ~してください ~해 주세요 | 顔 얼굴 | 傷が付く 상처가 나다

✏️ 문장으로 단어를 익히고 손으로 직접 써보세요

がくせい 学生	おとうと がくせい 弟はまだ学生です。
학생	남동생은 아직 학생입니다.
学生	弟はまだ学生です。

かさ 傘	かさ も い 傘を持って行ってください。
우산	우산을 가지고 가세요.
傘	傘を持って行ってください。

かぜ 風	ふゆ かぜ つめ 冬になると風が冷たくなりました。
바람	겨울이 되자 바람이 차가워졌습니다.
風	冬になると風が冷たくなりました。

か ぜ 風邪	か ぜ かいしゃ いちにちやす 風邪で会社を一日休みました。
감기	감기로 회사를 하루 쉬었습니다.
風邪	風邪で会社を一日休みました。

おとうと
弟 남동생 | まだ 아직 | がくせい 学生 학생 | かさ 傘 우산 | も 持つ 들다/가지다 | い 行く 가다 | ふゆ 冬 겨울 | ~になる ~이/가 되다 | かぜ 風 바람 | つめ 冷たい 차갑다/차다 | かぜ 風邪 감기 | かいしゃ 会社 회사 | いちにち 一日 하루 | やす 休む 쉬다/활동을 멈추다

✏️ **문장으로 단어를 익히고 손으로 직접 써보세요**

家族 かぞく 가족	私の家族は5人です。 わたし　かぞく　ごにん 나의 가족은 5명입니다.
家族	私の家族は5人です。

学校 がっこう 학교	ここから学校まで30分かかります。 がっこう　　さんじゅっぷん 여기에서 학교까지 30분 걸립니다.
学校	ここから学校まで30分かかります。

角 かど 모퉁이	角を曲がると銀行があります。 かど　ま　　ぎんこう 모퉁이를 돌면 은행이 있습니다.
角	角を曲がると銀行があります。

かばん 가방	デパートでかばんを買いました。 か 백화점에서 가방을 샀습니다.
かばん	デパートでかばんを買いました。

私 나/저 | ～の ~의 | 家族 가족 | 5人 5명 | ～です ~ㅂ니다 | ここ 여기/이곳 | ～から
～에서 | 学校 학교 | ～まで ~까지 | 30分 30분 | かかる 걸리다 | 角 모퉁이 | 曲がる
돌다/구부러지다/굽다 | 銀行 은행 | デパート 백화점 | かばん 가방 | 買う 사다/구입하다

✎ 문장으로 단어를 익히고 손으로 직접 써보세요

かびん **花瓶**	ちい　　　かびん 小さい花瓶があります。
화병/꽃병	작은 꽃병이 있습니다.
花瓶	小さい花瓶があります。

かみ **紙**	かのじょ　　かみ　　つく　　　　にんぎょう　す 彼女は紙で作った人形が好きです。
종이	그녀는 종이로 만든 인형을 좋아합니다.
紙	彼女は紙で作った人形が好きです。

からだ **体**	からだ　ぐあい　わる　　　　がっこう　やす 体の具合が悪くて学校を休みました。
몸	몸이 아파서(상태가 좋지 않아서) 학교를 쉬었습니다.
体	体の具合が悪くて学校を休みました。

かわ **川**	かわ　　　おお　　　　せいぶつ　す 川には多くの生物が住んでいます。
강	강에는 많은 생물이 살고 있습니다.
川	川には多くの生物が住んでいます。

ちい　　　　　　　　かびん　　　　　　　　かのじょ　　　　　かみ　　　　　　つく　　　　　　にんぎょう　　　　　す
小さい 작다 | 花瓶 꽃병 | 彼女 그녀 | 紙 종이 | 作る 만들다 | 人形 인형 | ~が好
　　　　　　　　　　　　　　　　からだ　　　　ぐあい　　　　　　　　　わる　　　　　　　　　　　　がっこう
きだ ~을/를 좋아하다 | 体 몸 | 具合 형편/상태 | 悪い 나쁘다/좋지 않다 | 学校 학교 |
やす　　　　　　　　　　　　　かわ　　　　おお　　　　　　せいぶつ　　　　　　　す
休む 쉬다/활동을 멈추다 | 川 강 | 多い 많다 | 生物 생물 | 住む 살다/거처하다

✏️ **문장으로 단어를 익히고 손으로 직접 써보세요**

かんじ **漢字**	た なか　　　　かん じ　　　べんきょう 田中さんは漢字の勉強をしています。
한자	다나카 씨는 한자 공부를 하고 있습니다.
漢字	田中さんは漢字の勉強をしています。

き **木**	き　かみ　つく 木で紙を作ります。
나무	나무로 종이를 만듭니다.
木	木で紙を作ります。

きって **切手**	ちち　しゅみ　　きって しゅうしゅう 父は趣味で切手収集をします。
우표	아빠는 취미로 우표 수집을 합니다.
切手	父は趣味で切手収集をします。

ぎゅうにゅう **牛乳**	あさ　ぎゅうにゅう　　　　　た 朝は牛乳とパンを食べました。
우유	아침은 우유와 빵을 먹었습니다.
牛乳	朝は牛乳とパンを食べました。

かん じ
漢字 한자 | べんきょう
勉強 공부 | き
木 나무 | かみ
紙 종이 | つく
作る 만들다 | ちち
父 아빠 | しゅみ
趣味 취미 |
きって
切手 우표 | しゅうしゅう
収集 수집 | あさ
朝 아침 | ぎゅうにゅう
牛乳 우유 | パン 빵 | た
食べる 먹다

번호	단어	읽는 법	뜻	체크
1	教室	きょうしつ	교실	☐
2	兄弟	きょうだい	형제	☐
3	銀行	ぎんこう	은행	☐
4	薬	くすり	약	☐
5	果物	くだもの	과일	☐
6	口	くち	입	☐
7	靴	くつ	신발	☐
8	靴下	くつした	양말	☐
9	国	くに	나라/고향	☐
10	車	くるま	차	☐
11	結婚	けっこん	결혼	☐
12	玄関	げんかん	현관	☐
13	公園	こうえん	공원	☐
14	交番	こうばん	파출소	☐
15	声	こえ	(목)소리	☐
16	午後	ごご	오후	☐
17	午前	ごぜん	오전	☐
18	言葉	ことば	말	☐
19	子供	こども	아이/어린이	☐
20	今晩	こんばん	오늘밤	☐

✎ **문장으로 단어를 익히고 손으로 직접 써보세요**

きょうしつ **教室** 교실	授業が終わると教室はうるさくなりました。 수업이 끝나자 교실은 시끄러워졌습니다.
教室	授業が終わると教室はうるさくなりました。

きょうだい **兄弟** 형제	あの兄弟はよく喧嘩をする。 저 형제는 곧잘 싸운다.
兄弟	あの兄弟はよく喧嘩をする。

ぎんこう **銀行** 은행	私は銀行に勤めています。 저는 은행에 근무하고 있습니다.
銀行	私は銀行に勤めています。

くすり **薬** 약	頭痛がひどくて薬を飲みました。 두통이 심해서 약을 먹었습니다.
薬	頭痛がひどくて薬を飲みました。

じゅぎょう
授業 수업 | 終わる 끝나다 | 教室 교실 | うるさい 시끄럽다 | あの 저 | 兄弟 형제 |
よく 곧잘/자주/잘/흔히/걸핏하면 | 喧嘩 싸움 | 私 나/저 | 銀行 은행 | ~に ~에 | 勤める 근무하다 | 頭痛 두통 | ひどい (정도가)심하다 | 薬 약 | 飲む (약을)먹다/마시다

29

✎ **문장으로 단어를 익히고 손으로 직접 써보세요**

くだもの **果物** 과일	くだもの なか いちばん す 果物の中でぶどうが一番好きです。 과일 중에서 포도를 가장 좋아합니다.
果物	果物の中でぶどうが一番好きです。

くち **口** 입	くち おお あ 口を大きく開けてください。 입을 크게 벌려주세요.
口	口を大きく開けてください。

くつ **靴** 신발	いえ ちか くつや 家の近くに靴屋ができました。 집 근처에 신발가게가 생겼습니다.
靴	家の近くに靴屋ができました。

くつした **靴下** 양말	あめ くつした ぬ きも わる 雨で靴下が濡れて気持ち悪いです。 비에 양말이 젖어서 기분이 나쁩니다.
靴下	雨で靴下が濡れて気持ち悪いです。

くだもの　　　　　なか　　　　　　　　　　　　　　　　　　　いちばん　　　　す
果物 과일 ｜ 中 가운데/중/안/속 ｜ ~で ~에서 ｜ ぶどう 포도 ｜ 一番 가장/제일 ｜ 好きだ
　　　　　　くち　　　おお　　　　　　　あ　　　　　　　　　　　　　いえ　　　ちか　　　　　くつや
좋아하다 ｜ 口 입 ｜ 大きい 크다 ｜ 開ける 열다/사이를 떼다 ｜ 家 집 ｜ 近く 근처 ｜ 靴屋 신
　　　　　　　　　　　　　あめ　　くつした　　ぬ　　　　　　きも　　　　　　わる
발가게 ｜ できる 생기다 ｜ 雨 비 ｜ 靴下 양말 ｜ 濡れる 젖다 ｜ 気持ち 기분 ｜ 悪い 나쁘다

✎ 문장으로 단어를 익히고 손으로 직접 써보세요

くに **国** 나라/고향	わたし くに しげん ゆた 我たちの国は資源が豊かです。
	우리나라는 자원이 풍부합니다.
国	私たちの国は資源が豊かです。

くるま **車** 차	くるま なか ねい 車の中で寝入った。
	차 안에서 잠이 들었다.
車	車の中で寝入った。

けっこん **結婚** 결혼	けっこん おく もの 結婚の贈り物をもらいました。
	결혼선물을 받았습니다.
結婚	結婚の贈り物をもらいました。

げんかん **玄関** 현관	げんかん こわ 玄関のドアが壊れました。
	현관문이 고장났습니다.
玄関	玄関のドアが壊れました。

くに しげん ゆた くるま なか ねい
国 나라 | 資源 자원 | 豊か 풍부함/풍족함 | 車 차 | 中 안/속 | ～で ~에서 | 寝入る 잠

들다/자기 시작하다 | 結婚 결혼 | 贈り物 선물 | ～を ~을/를 | もらう 받다 | 玄関 현관
けっこん おく もの げんかん

こわ
| ドア 문 | 壊れる 깨지다/부서지다/파손되다

✎ 문장으로 단어를 익히고 손으로 직접 써보세요

こうえん **公園**	こうえん　　べんとう　た 公園でお弁当を食べました。
공원	공원에서 도시락을 먹었습니다.
公園	公園でお弁当を食べました。

こうばん **交番**	こうばん　まえ　　　てい 交番の前にバス停があります。
파출소	파출소 앞에 버스정류장이 있습니다.
交番	交番の前にバス停があります。

こえ **声**	かのじょ　こえ　うつく 彼女の声は美しかったです。
(목)소리	그녀의 목소리는 아름다웠습니다.
声	彼女の声は美しかったです。

ごご **午後**	まいにちごごしちじ　たいきん 毎日午後7時に退勤します。
오후	매일 오후 7시에 퇴근합니다.
午後	毎日午後7時に退勤します。

こうえん
公園 공원 | **~で** ~에서 | べんとう
お弁当 도시락 | た
食べる 먹다 | こうばん
交番 파출소 | まえ
前 앞 | **バス**
てい
停 버스정류장 | **あります** (사물·식물·무생물)있습니다 | かのじょ
彼女 그녀 | **~の** ~의 | こえ
声 (목)소리
| うつく
美しい 아름답다/곱다 | まいにち
毎日 매일 | ごご
午後 오후 | じ
~時 ~시 | たいきん
退勤 퇴근

✏️ 문장으로 단어를 익히고 손으로 직접 써보세요

ご ぜん **午前** 오전	びょういん　ご ぜん く じ 病院は午前９時からです。 병원은 오전 9시부터입니다.
午前	病院は午前９時からです。

こ と ば **言葉** 말	こ と ば　ひょうげん 言葉で表現できないほどうれしいです。 말로 표현할 수 없을 만큼 기쁩니다.
言葉	言葉で表現できないほどうれしいです。

こ ども **子供** 아이/어린이	こ ども　え がお　あい 子供の笑顔が愛らしいです。 아이의 웃는 얼굴이 사랑스럽습니다.
子供	子供の笑顔が愛らしいです。

こんばん **今晩** 오늘밤	こんばん　やくそく 今晩は約束があります。 오늘밤은 약속이 있습니다.
今晩	今晩は約束があります。

びょういん
病院 병원 | ご ぜん
午前 오전 | ~時 ~시 | ~から ~부터 | こ と ば
言葉 말 | ~で ~로 | 表現 표현 | できる ~할 수 있다(できない ~할 수 없다) | ほど 정도/쯤/만큼 | うれしい 기쁘다 | こ ども
子供 아이/어린이 | え がお
笑顔 웃는 얼굴 | あい
愛らしい 사랑스럽다 | こんばん
今晩 오늘밤 | やくそく
約束 약속

5일차 단어 미리 보기 알고 있는 단어를 체크해 보세요

번호	단어	읽는 법	뜻	체크
1	魚	さかな	물고기/생선	☐
2	作文	さくぶん	작문	☐
3	雑誌	ざっし	잡지	☐
4	砂糖	さとう	설탕	☐
5	散歩	さんぽ	산책	☐
6	塩	しお	소금	☐
7	時間	じかん	시간	☐
8	仕事	しごと	일	☐
9	辞書	じしょ	사전	☐
10	下	した	아래	☐
11	質問	しつもん	질문	☐
12	自転車	じてんしゃ	자전거	☐
13	写真	しゃしん	사진	☐
14	授業	じゅぎょう	수업	☐
15	宿題	しゅくだい	숙제	☐
16	食堂	しょくどう	식당	☐
17	新聞	しんぶん	신문	☐
18	背	せ	키	☐
19	洗濯	せんたく	빨래/세탁	☐
20	空	そら	하늘	☐

✎ 문장으로 단어를 익히고 손으로 직접 써보세요

さかな **魚**	はは　さかなりょうり　　　　つく 母は魚料理をよく作ってくれる。
물고기/생선	엄마는 생선요리를 자주 해주신다.
魚	母は魚料理をよく作ってくれる。

さくぶん **作文**	わたし　まいにち さくぶん　　　れんしゅう 私は毎日作文の練習をします。
작문	나는 매일 작문연습을 합니다.
作文	私は毎日作文の練習をします。

ざっ し **雑誌**	ざっし　か ファッション雑誌を買いたいです。
잡지	패션잡지를 사고 싶습니다.
雑誌	ファッション雑誌を買いたいです。

さ とう **砂糖**	さ とう　い 砂糖は入れないでください。
설탕	설탕은 넣지 마세요.
砂糖	砂糖は入れないでください。

はは　　　　　　　　　さかな
母 (나의)엄마 | 魚 물고기/생선 | 料理 요리 | よく 잘/자주/흔히 | 作る 만들다/(재료를 써서)만들어 내다 | くれる 주다 | 私 나/저 | 毎日 매일 | 作文 작문 | 練習 연습 | ファッション 패션 | 雑誌 잡지 | 買う 사다 | ~(し)たい ~(하)고 싶다 | 砂糖 설탕 | 入れる 넣다

✏️ **문장으로 단어를 익히고 손으로 직접 써보세요**

さんぽ **散歩** 산책	まいにち こうえん さんぽ 毎日、公園を散歩します。 매일 공원을 산책합니다.
散歩	毎日、公園を散歩します。

しお **塩** 소금	さとう しお い 砂糖と塩を入れてください。 설탕과 소금을 넣어주세요.
塩	砂糖と塩を入れてください。

じかん **時間** 시간	やくそく じかん へんこう 約束の時間が変更された。 약속시간이 변경되었다.
時間	約束の時間が変更された。

しごと **仕事** 일	しごと ひとり この仕事は一人でできない。 이 일은 혼자서 할 수 없다.
仕事	この仕事は一人でできない。

まいにち こうえん
毎日 매일 | **公園** 공원 | **~を** ~을/를 | **散歩** 산책 | **砂糖** 설탕 | **~と** ~와/과 | **塩** 소금
い やくそく じかん へんこう しごと
| **入れる** 넣다 | **約束** 약속 | **時間** 시간 | **~が** ~이/가 | **変更** 변경 | **この** 이 | **仕事** 일
ひとり
| **~は** ~은 | **一人** 혼자/한 사람 | **できる** 가능하다/할 수 있다

[N5 명사] さ행 단어 쓰기 03

✏️ **문장으로 단어를 익히고 손으로 직접 써보세요**

じしょ **辞書**	じしょ つくえ うえ 辞書は机の上にあります。
사전	사전은 책상 위에 있습니다.
辞書	辞書は机の上にあります。

した **下**	した ねこ テーブルの下に猫がいます。
아래	테이블 아래에 고양이가 있습니다.
下	テーブルの下に猫がいます。

しつもん **質問**	せんせい しつもん 先生、質問があります。
질문	선생님, 질문이 있습니다.
質問	先生、質問があります。

じ てんしゃ **自転車**	じ てんしゃ たか この自転車は高いです。
자전거	이 자전거는 비쌉니다.
自転車	この自転車は高いです。

じしょ
辞書 사전 | ~は ~은/는 | 机 책상 | 上 위 | ~に ~에 | あります (사물·식물·무생물)있습
つくえ   うえ
니다 | テーブル 테이블 | 下 아래 | 猫 고양이 | ~が ~이/가 | います (사람·동물)있으니
した   ねこ
다 | 先生 선생님 | 質問 질문 | この 이 | 自転車 자전거 | 高い 높다/비싸다/(키가)크다
せんせい   しつもん   じ てんしゃ   たか

✏️ **문장으로 단어를 익히고 손으로 직접 써보세요**

しゃしん 写真	か ぞく しゃしん と 家族写真を撮りました。
사진	가족사진을 찍었습니다.
写真	家族写真を撮りました。

じゅぎょう 授業	じゅぎょう はじ 授業を始めます。
수업	수업을 시작하겠습니다.
授業	授業を始めます。

しゅくだい 宿題	あに に ほん ご しゅくだい 兄は日本語の宿題をしています。
숙제	형은 일본어 숙제를 하고 있습니다.
宿題	兄は日本語の宿題をしています。

しょくどう 食堂	ゆうめい しょくどう ここはラーメンが有名な食堂です。
식당	여기는 라면이 유명한 식당입니다.
食堂	ここはラーメンが有名な食堂です。

か ぞく
家族 가족 | しゃしん 写真 사진 | ~を ~을/를 | と 撮る (사진을)찍다 | じゅぎょう 授業 수업 | はじ 始める 시작하다 | あに 兄 (나의)형/오빠 | に ほん ご 日本語 일본어 | しゅくだい 宿題 숙제 | ここ 여기/이곳 | ラーメン 라면 | ゆうめい 有名だ 유명하다 | しょくどう 食堂 식당

✏️ **문장으로 단어를 익히고 손으로 직접 써보세요**

しんぶん **新聞** 신문	ちち まいあさしんぶん よ 父は毎朝新聞を読みます。 아빠는 매일 아침 신문을 읽습니다.
新聞	父は毎朝新聞を読みます。

せ **背** 배	おとうと わたし せ たか 弟は私より背が高いです。 남동생은 저보다 키가 큽니다.
背	弟は私より背が高いです。

せんたく **洗濯** 빨래/세탁	しゅうまつ せんたく そうじ 週末は洗濯と掃除をします。 주말은 빨래와 청소를 합니다.
洗濯	週末は洗濯と掃除をします。

そら **空** 하늘	ひ こう き そら と 飛行機が空を飛んでいます。 비행기가 하늘을 날고 있습니다.
空	飛行機が空を飛んでいます。

ちち 父 (나의)아버지 | まいあさ 毎朝 매일 아침 | しんぶん 新聞 신문 | よ 読む 읽다 | おとうと 弟 (나의)남동생 | わたし 私 나/
저 | ~より ~보다 | せ たか 背が高い 키가 크다 | しゅうまつ 週末 주말 | せんたく 洗濯 빨래/세탁 | ~と ~와/과 |
そうじ 掃除 청소 | ひこうき 飛行機 비행기 | ~が ~이/가 | そら 空 하늘 | と 飛ぶ (하늘을)날다/날아가다[오다]

6일차 단어 미리 보기 <small>알고 있는 단어를 체크해 보세요</small>

번호	단어	읽는 법	뜻	체크
1	大学	だいがく	대학	☐
2	大使館	たいしかん	대사관	☐
3	台所	だいどころ	부엌	☐
4	建物	たてもの	건물	☐
5	たばこ	たばこ	담배	☐
6	卵	たまご	달걀/계란	☐
7	誕生日	たんじょうび	탄생일	☐
8	近く	ちかく	근처	☐
9	地下鉄	ちかてつ	지하철	☐
10	地図	ちず	지도	☐
11	手	て	손	☐
12	手紙	てがみ	편지	☐
13	出口	でぐち	출구	☐
14	天気	てんき	날씨	☐
15	電気	でんき	전기	☐
16	電話	でんわ	전화	☐
17	動物	どうぶつ	동물	☐
18	時計	とけい	시계	☐
19	図書館	としょかん	도서관	☐
20	友達	ともだち	친구	☐

✏️ **문장으로 단어를 익히고 손으로 직접 써보세요**

だいがく **大学**	だいがく ちゅうごくご なら 大学で中国語を習っています。
대학	대학에서 중국어를 배우고 있습니다.
大学	大学で中国語を習っています。

たいしかん **大使館**	たいしかん 大使館はどこにありますか。
대사관	대사관은 어디에 있습니까?
大使館	大使館はどこにありますか。

だいどころ **台所**	いえ だいどころ ひろ この家は台所が広いです。
부엌	이 집은 부엌이 넓습니다.
台所	この家は台所が広いです。

たてもの **建物**	ちいき ふる たてもの おお この地域では古い建物が多いです。
건물	이 지역에는 오래된 건물이 많습니다.
建物	この地域では古い建物が多いです。

だいがく
大学 대학 | ~で ~에서 | ちゅうごくご
中国語 중국어 | ~を ~을/를 | なら
習う 배우다 | たいしかん
大使館 대사
관 | ~は ~은/는 | どこ 어디 | ~に ~에 | この 이 | いえ
家 집 | だいどころ
台所 부엌 | ~が ~이/가 |
ひろ
広い 넓다 | ちいき
地域 지역 | ~では ~에는 | ふる
古い 낡다/오래되다 | たてもの
建物 건물 | おお
多い 많다

✎ 문장으로 단어를 익히고 손으로 직접 써보세요

たばこ 담배	彼はたばこを吸います。
	그는 담배를 피웁니다.
たばこ	彼はたばこを吸います。

たまご 卵 달걀/계란	たまご た 卵をゆでて食べました。
	계란을 삶아 먹었습니다.
卵	卵をゆでて食べました。

たんじょう び 誕生日 생일	たんじょうび 誕生日はいつですか。
	생일은 언제입니까?
誕生日	誕生日はいつですか。

ちか 近く 근처	ちか びょういん この近くに病院はありますか。
	이 근처에 병원은 있습니까?
近く	この近くに病院はありますか。

かれ
彼 그 | ~は ~은/는 | たばこ 담배 | ~を ~을/를 | す
吸う (공기 따위를)들이마시다/빨아들
이다 | たまご
卵 달걀/계란 | ゆでる 삶다/데치다 | た
食べる 먹다 | たんじょう び
誕生日 생일 | いつ 언제 |
ちか びょういん
この 이 | 近く 근처 | ~に ~에 | 病院 병원

✎ 문장으로 단어를 익히고 손으로 직접 써보세요

地下鉄 ち か てつ	地下鉄からバスに乗り換えなければならない。 ち か てつ　　　　　　　　　の　か
지하철	지하철에서 버스로 갈아타야 한다(갈아타지 않으면 안 된다).
地下鉄	地下鉄からバスに乗り換えなければならない。

地図 ち ず	観光案内地図が必要です。 かんこう あんない ち ず　ひつよう
지도	관광안내지도가 필요합니다.
地図	観光案内地図が必要です。

手 て	食事前には手をきれいに洗ってください。 しょく じ まえ　　て　　　　　　あら
손	식사 전에는 손을 깨끗하게 씻으세요.
手	食事前には手をきれいに洗ってください。

手紙 て がみ	友達に手紙を書いています。 ともだち　て がみ　か
편지	친구에게 편지를 쓰고 있습니다.
手紙	友達に手紙を書いています。

ち か てつ　　　　　　　　　　　　　　　　　　　　　　　の　か
地下鉄 지하철 | ～から ~에서 | バス 버스 | ～に ~로 | 乗り換える 갈아타다/바꿔 타다 |
かんこう　　　　　あんない　　　　　ち ず　　　　ひつよう　　　しょく じ　　　　　まえ　　　　　て
観光 관광 | 案内 안내 | 地図 지도 | 必要 필요 | 食事 식사 | 前 ~전/~앞 | 手 손 | きれ
　　　　　　　　　　あら　　　　　　　　ともだち　　　　　て がみ　　　　　か
いだ 깨끗하다/예쁘다 | 洗う 씻다 | 友達 친구 | 手紙 편지 | 書く (글씨·글을)쓰다

[N5 명사] た행 단어 쓰기 04

✎ 문장으로 단어를 익히고 손으로 직접 써보세요

出口 でぐち 출구	いちばん でぐち まえ としょかん 1番出口の前に図書館があります。 1번 출구 앞에 도서관이 있습니다.
出口	1番出口の前に図書館があります。

天気 てんき 날씨	てんき いい天気ですね。 날씨가 좋네요.
天気	いい天気ですね。

電気 でんき 전기	でんき きょうきゅう ちゅうだん 電気の供給が中断されました。 전기 공급이 중단되었습니다.
電気	電気の供給が中断されました。

電話 でんわ 전화	こうしゅうでんわ 公衆電話はどこにありますか。 공중전화는 어디에 있습니까?
電話	公衆電話はどこにありますか。

でぐち　まえ　としょかん　てんき
出口 출구 | 前 앞 | ~に ~에 | 図書館 도서관 | ~が 이/가 | いい 좋다 | 天気 날씨 |
でんき　きょうきゅう　ちゅうだん　こうしゅう　でんわ
電気 전기 | 供給 공급 | 中断 중단 | 公衆 공중 | 電話 전화 | ~は ~은/는 | どこ 어
디 | ありますか 있습니까?

[N5 명사] た행 단어 쓰기 05

✏️ **문장으로 단어를 익히고 손으로 직접 써보세요**

動物 どうぶつ 동물	近くに動物病院はありますか。 ちか　　どうぶつびょういん 근처에 동물병원은 있습니까?
動物	近くに動物病院はありますか。

時計 と けい 시계	時計を購入しました。 と けい　こうにゅう 시계를 구입했습니다.
時計	時計を購入しました。

図書館 と しょかん 도서관	図書館で本を読みます。 と しょかん　ほん　よ 도서관에서 책을 읽습니다.
図書館	図書館で本を読みます。

友達 ともだち 친구	昨日は友達とショッピングをしました。 きのう　ともだち 어제는 친구와 쇼핑을 했습니다.
友達	昨日は友達とショッピングをしました。

近く 근처 | ～に ~에 | 動物 동물 | 病院 병원 | ～は ~은/는 | ありますか 있습니까 |
時計 시계 | ～を ~을/를 | 購入 구입 | 図書館 도서관 | ～で ~에서 | 本 책 | 読む 읽
다 | 昨日 어제 | 友達 친구 | ～と ~와/과 | ショッピング 쇼핑

7일차 단어 미리 보기 알고 있는 단어를 체크해 보세요

번호	단어	읽는 법	뜻	체크
1	中	なか・ちゅう	안/속/중/가운데	☐
2	夏	なつ	여름	☐
3	夏休み	なつやすみ	여름방학	☐
4	何	なん・なに	몇/무엇	☐
5	名前	なまえ	이름	☐
6	肉	にく	고기	☐
7	西	にし	서쪽	☐
8	荷物	にもつ	짐	☐
9	庭	にわ	정원/마당	☐
10	飲み物	のみもの	음료수	☐
11	歯	は	이/치아	☐
12	葉書	はがき	엽서	☐
13	箱	はこ	상자	☐
14	橋	はし	다리	☐
15	箸	はし	젓가락	☐
16	花	はな	꽃	☐
17	鼻	はな	코	☐
18	話	はなし	이야기	☐
19	春	はる	봄	☐
20	番号	ばんごう	번호	☐

✏️ **문장으로 단어를 익히고 손으로 직접 써보세요**

なか/ちゅう **中**	かばんの中に眼鏡があります。
안/속/중/가운데	가방 안에 안경이 있습니다.
中	かばんの中に眼鏡があります。

なつ **夏**	夏には水遊びをします。
여름	여름에는 물놀이를 합니다.
夏	夏には水遊びをします。

なつやす **夏休み**	夏休みは何をしますか。
여름방학	여름방학은 무엇을 합니까?
夏休み	夏休みは何をしますか。

なん/なに **何**	スポーツの中で何が一番好きですか。
무엇	스포츠 중에서 무엇을 가장 좋아합니까?
何	スポーツの中で何が一番好きですか。

かばん 가방 | 中 안/속/중/가운데 | ~に ~에 | 眼鏡 안경 | ~が ~이/가 | あります (사물·식물·무생물)있습니다 | 夏 여름 | 水遊び 물놀이/물장난 | 夏休み 여름방학 | ~は ~은/는 | 何 무엇 | スポーツ 스포츠 | ~で ~에서 | 一番 가장/제일 | 好きだ 좋아하다

✏️ 문장으로 단어를 익히고 손으로 직접 써보세요

名前 _{な まえ} 이름	住所と名前を書いてください。 주소와 이름을 써 주세요.
名前	住所と名前を書いてください。

肉 _{にく} 고기	運動の後には主に肉と野菜を食べます。 운동 후에는 주로 고기와 야채를 먹습니다.
肉	運動の後には主に肉と野菜を食べます。

西 _{にし} 서쪽	日は西に沈む。 해는 서쪽으로 진다.
西	日は西に沈む。

荷物 _{に もつ} 짐	多くの荷物は保管できません。 많은 짐은 보관할 수 없습니다.
荷物	多くの荷物は保管できません。

住所 주소 | 名前 이름 | 書く (글씨·글을)쓰다 | 運動 운동 | 後 (시기적으로)후/나중 | ~には ~에는 | 主に 주로/대부분 | 肉 고기 | 野菜 야채 | 食べる 먹다 | 日 해/태양 | 西 서쪽 | 沈む (해·달이)지다 | 荷物 짐 | 保管 보관 | できる 할 수 있다/가능하다

✎ 문장으로 단어를 익히고 손으로 직접 써보세요

にわ 庭 ······ 정원	にわ 庭にりんごの木を植えました。 정원에 사과나무를 심었습니다.
庭	庭にりんごの木を植えました。

の もの 飲み物 ······ 음료수	の もの なに 飲み物は何にしますか。 음료수는 무엇으로 하겠습니까?
飲み物	飲み物は何にしますか。

は 歯 ······ 이/치아	は いた 歯が痛いです。 이가 아픕니다.
歯	歯が痛いです。

は がき 葉書 ······ 엽서	りょこうちゅう き ねん は がき か 旅行中に記念葉書を買いました。 여행 중에 기념엽서를 샀습니다.
葉書	旅行中に記念葉書を買いました。

にわ
庭 정원 | ~に ~에 | りんご 사과 | き 木 나무 | ~を ~을/를 | う 植える 심다 | の もの 飲み物
음료수 | ~は ~은/는 | なに 何 무엇 | ~に ~로 | は 歯 이/치아 | いた 痛い 아프다 | りょこう 旅行 여행 |
ちゅう 中 ~중 | き ねん 記念 기념 | は がき 葉書 엽서 | か 買う 사다

✏️ **문장으로 단어를 익히고 손으로 직접 써보세요**

はこ **箱** 상자	はこ かくにん 箱のサイズを確認してください。 상자 크기를 확인해주세요.
	箱のサイズを確認してください。

はし **橋** 다리	はし あぶ ひとり わた この橋は危ないので一人ずつ渡りましょう。 이 다리는 위험하니까 한 사람씩 건너갑시다.
	この橋は危ないので一人ずつ渡りましょう。

はし **箸** 젓가락	こ ども はし つか 子供はもう箸を使います。 아이는 벌써 젓가락을 사용합니다.
	子供はもう箸を使います。

はな **花** 꽃	はな さ バラの花がぱあっと咲きました。 장미꽃이 활짝 피었습니다.
	バラの花がぱあっと咲きました。

はこ はこ かくにん はし あぶ
箱 상자 | サイズ 사이즈 | 確認 확인 | 橋 다리 | 危ない 위험하다/위태롭다 | ~ので ~
ひとり わた こ ども
므로/~ 때문에 | 一人 한 사람 | ~ずつ ~씩 | 渡る 건너다 | 子供 아이 | もう 이미/이제/
はし つか はな さ
벌써 | 箸 젓가락 | 使う 쓰다/사용하다 | バラ 장미 | 花 꽃 | ぱあっと 활짝 | 咲く 피다

✎ 문장으로 단어를 익히고 손으로 직접 써보세요

はな **鼻**	わたし はな いじ くせ 私は鼻を弄る癖があります。
코	나는 코를 만지는 버릇이 있습니다.
鼻	私は鼻を弄る癖があります。

はなし **話**	かのじょ しん はなし き 彼女に信じられない話を聞きました。
이야기	그녀에게 믿을 수 없는 이야기를 들었습니다.
話	彼女に信じられない話を聞きました。

はる **春**	はる はな さ 春になると花が咲きます。
봄	봄이 되면 꽃이 핍니다.
春	春になると花が咲きます。

ばんごう **番号**	ばんごう にゅうりょく カード番号を入力してください。
번호	카드번호를 입력해주세요.
番号	カード番号を入力してください。

わたし　　　　　 はな　 　いじ　　　　　　くせ　　　　　　　　　　　　　　　　　　かのじょ
私 나/저 | 鼻 코 | 弄る 만지다 | 癖 버릇/습관 | ある 있다 | 彼女 그녀 | ~に ~에게 |
しん　　　　　　　　　　　　 はなし　　　　　き　　　　　　　はる
信じる 믿다/의심하지 않다 | 話 이야기 | 聞く 듣다 | 春 봄 | ~になる ~이/가 되다 |
はな　 さ　　　　　　　　　　　　　　　　　　　　　　　　　ばんごう　　　　　にゅうりょく
花 꽃 | 咲く (꽃이)피다 | カード 카드 | 番号 번호 | 入力 입력

번호	단어	읽는 법	뜻	체크
1	東	ひがし	동쪽	☐
2	飛行機	ひこうき	비행기	☐
3	左	ひだり	왼쪽	☐
4	人	ひと	사람	☐
5	一月	ひとつき	한 달	☐
6	病気	びょうき	병	☐
7	昼	ひる	낮	☐
8	昼ご飯	ひるごはん	점심밥	☐
9	封筒	ふうとう	봉투	☐
10	服	ふく	옷	☐
11	豚肉	ぶたにく	돼지고기	☐
12	冬	ふゆ	겨울	☐
13	風呂	ふろ	목욕	☐
14	部屋	へや	방	☐
15	辺	へん	주변/부근/근처	☐
16	勉強	べんきょう	공부	☐
17	帽子	ぼうし	모자	☐
18	他	ほか	다른	☐
19	本	ほん	책	☐
20	本棚	ほんだな	책장	☐

✏️ **문장으로 단어를 익히고 손으로 직접 써보세요**

ひがし **東** 동쪽	たいよう ひがし のぼ 太陽は東から昇ります。 태양은 동쪽에서 뜹니다.
東	太陽は東から昇ります。

ひ こう き **飛行機** 비행기	ひ こう き とうじょう 飛行機に搭乗してください。 비행기에 탑승해 주세요.
飛行機	飛行機に搭乗してください。

ひだり **左** 왼쪽	ちゃわん ひだり お お茶碗は左に置きます。 밥그릇은 왼쪽에 놓습니다.
左	お茶碗は左に置きます。

ひと **人** 사람	かのじょ こころ あたた ひと 彼女は心が暖かい人です。 그녀는 마음이 따뜻한 사람입니다.
人	彼女は心が暖かい人です。

たいよう
太陽 태양 | 東 동쪽 | ~から ~에서/~부터 | 昇る 떠오르다 | 飛行機 비행기 | ~に ~에 | 搭乗 탑승 | ~してください ~해 주세요 | 茶碗 밥공기 | 左 왼쪽 | 置く 두다/놓다 | 彼女 그녀 | 心 마음 | 暖かい 따뜻하다

✏️ 문장으로 단어를 익히고 손으로 직접 써보세요

ひとつき 一月	一月に一度故郷へ行きます。
한 달	한 달에 한 번 고향에 갑니다.
一月	一月に一度故郷へ行きます。

びょうき 病気	父は病気で亡くなりました。
병	아버지는 병으로 돌아가셨습니다.
病気	父は病気で亡くなりました。

ひる 昼	昼は仕事をし、夜は勉強をする。
낮	낮에는 일을 하고, 밤에는 공부를 한다.
昼	昼は仕事をし、夜は勉強をする。

ひる はん 昼ご飯	昨日は友達と昼ご飯を食べました。
점심밥	어제는 친구와 점심밥을 먹었습니다.
昼ご飯	昨日は友達と昼ご飯を食べました。

ひとつき 一月 한 달 | ~に ~에 | いちど 一度 한 번 | こきょう 故郷 고향 | い 行く 가다 | ちち 父 (나의)아버지 | びょうき 病気 병 | ~で ~(으)로 | な 亡くなる 죽다/돌아가다 | ひる 昼 낮 | しごと 仕事 일 | よる 夜 밤 | べんきょう 勉強 공부 | する 하다 | きのう 昨日 어제 | ともだち 友達 친구 | ~と ~와/과 | ひる はん 昼ご飯 점심밥 | た 食べる 먹다

✏️ 문장으로 단어를 익히고 손으로 직접 써보세요

ふうとう **封筒**	て がみ　　　 ふうとう　　 じゅしょ　　 か 手紙の封筒に住所を書いてください。
봉투	편지 봉투에 주소를 써 주세요.
封筒	手紙の封筒に住所を書いてください。

ふく **服**	あか　　　　　　　ふく　 やわ 赤ちゃんの服は柔らかいです。
옷	아기 옷은 부드럽습니다.
服	赤ちゃんの服は柔らかいです。

ぶたにく **豚肉**	かれ　 ぶたにく　 す 彼は豚肉が好きです。
돼지고기	그는 돼지고기를 좋아합니다.
豚肉	彼は豚肉が好きです。

ふゆ **冬**	わたし ふゆ　 う 私は冬に生まれました。
겨울	나는 겨울에 태어났습니다.
冬	私は冬に生まれました。

て がみ　　　　　 ふうとう　　　　　　　　　　　　　　 じゅしょ　　　　　 か　　　　　　　　　　　 あか
手紙 편지 | **封筒** 봉투 | **~に** ~에 | **住所** 주소 | **書く** (글씨·글을)쓰다 | **赤ちゃん** 아기
ふく　　 やわ　　　　　　　　　　　　　　　 かれ　　　　 ぶたにく　　　　　　　　　　　　　　　　　 す
| **服** 옷 | **柔らかい** 부드럽다/포근하다 | **彼** 그 | **豚肉** 돼지고기 | **~が好きだ** ~을/를 좋아
わたし　　　　　　 ふゆ　　　　　　 う
하다 | **私** 나/저 | **冬** 겨울 | **生まれる** 태어나다/출생하다

55

✏️ 문장으로 단어를 익히고 손으로 직접 써보세요

ふろ **風呂** 목욕	おんがく き ふろ はい 音楽を聞きながらお風呂に入ります。 음악을 들으면서 목욕을 합니다(욕조에 들어갑니다).
風呂	音楽を聞きながらお風呂に入ります。

へ や **部屋** 방	へ や あたた 部屋は暖かいです。 방은 따뜻합니다.
部屋	部屋は暖かいです。

へん **辺** 주변/부근/근처	へん この辺にはレストランがない。 이 주변에는 레스토랑이 없다.
辺	この辺にはレストランがない。

べんきょう **勉強** 공부	きょう えい ご べんきょう よ てい 今日は英語の勉強をする予定です。 오늘은 영어공부를 할 예정입니다.
勉強	今日は英語の勉強をする予定です。

おんがく
音楽 음악 | ~を ~을/를 | 聞く 듣다 | ~(し)ながら ~(하)면서 | 風呂 목욕(물)/목욕통/욕
조 | ~に 에 | 入る 들어오다/들어가다 | 部屋 방 | 暖かい 따뜻하다 | 辺 주변/부근/근처 |
レストラン 레스토랑 | ない 없다 | 今日 오늘 | 英語 영어 | 勉強 공부 | 予定 예정

✎ 문장으로 단어를 익히고 손으로 직접 써보세요

ぼうし **帽子** 모자	こども ぼうし 子供は帽子をかぶっています。 아이는 모자를 쓰고 있습니다.
帽子	子供は帽子をかぶっています。

ほか **他** 다른	ほか たか このコーヒーは他のコーヒーより高いです。 이 커피는 다른 커피보다 비쌉니다.
他	このコーヒーは他のコーヒーより高いです。

ほん **本** 책	にほんご ほん これは日本語の本ですか。 이것은 일본어 책입니까?
本	これは日本語の本ですか。

ほんだな **本棚** 책장/책꽂이	ほんだな マンガは本棚にあります。 만화책은 책장에 있습니다.
本棚	マンガは本棚にあります。

こども ぼうし
子供 아이 | 帽子 모자 | かぶる 쓰다/뒤집어쓰다 | この 이 | コーヒー 커피 | 他 다른
たか にほんご ほん
| ~より ~보다 | 高い 높다/비싸다 | これ 이것 | 日本語 일본어 | 本 책 | マンガ 만화
ほんだな
(책) | 本棚 책장/책꽂이 | ~に ~에 | あります (사물·식물·무생물)있습니다

번호	단어	읽는 법	뜻	체크
1	毎朝	まいあさ	매일아침	☐
2	毎月	まいつき	매월	☐
3	毎年	まいとし	매년	☐
4	毎晩	まいばん	매일 밤/밤마다	☐
5	前	まえ	앞	☐
6	町	まち	마을	☐
7	窓	まど	창문	☐
8	万年筆	まんねんひつ	만년필	☐
9	右	みぎ	오른쪽	☐
10	水	みず	물	☐
11	店	みせ	가게/상점	☐
12	道	みち	길	☐
13	皆さん	みなさん	여러분	☐
14	南	みなみ	남쪽	☐
15	耳	みみ	귀	☐
16	みんな	みんな	모두	☐
17	目	め	눈	☐
18	眼鏡	めがね	안경	☐
19	物	もの	물건	☐
20	問題	もんだい	문제	☐

✏️ 문장으로 단어를 익히고 손으로 직접 써보세요

まいあさ **毎朝**	かれ まいあさ 彼は毎朝ジョギングをします。
매일 아침	그는 매일 아침 조깅을 합니다.
毎朝	彼は毎朝ジョギングをします。

まいつき **毎月**	かのじょ まいつき かつどう 彼女は毎月ボランティア活動をしています。
매월	그녀는 매월 봉사활동을 하고 있습니다.
毎月	彼女は毎月ボランティア活動をしています。

まいとし **毎年**	まいとし いんしゅうんてん じ こ はっせい 毎年、飲酒運転事故が発生しています。
매년	매년 음주운전 사고가 발생하고 있습니다.
毎年	毎年、飲酒運転事故が発生しています。

まいばん **毎晩**	かれ まいばんさけ の 彼は毎晩酒を飲む。
매일 밤/밤마다	그는 매일 밤, 술을 마신다.
毎晩	彼は毎晩酒を飲む。

かれ まいあさ かのじょ まいつき
彼 그 | 毎朝 매일 아침 | ジョギング 조깅 | 彼女 그녀 | 毎月 매월 | ボランティ
かつどう まいとし いんしゅ うんてん じ こ はっせい
ア活動 자원봉사활동 | 毎年 매년 | 飲酒 음주 | 運転 운전 | 事故 사고 | 発生 발생 |
まいばん さけ の
毎晩 매일 밤/밤마다 | 酒 술 | 飲む 마시다

✏️ 문장으로 단어를 익히고 손으로 직접 써보세요

まえ **前**	ゆうびんきょく　まえ　ゆうびん 郵便局の前に郵便ポストがあります。
앞	우체국 앞에 우체통이 있습니다.
前	郵便局の前に郵便ポストがあります。

まち **町**	まち　じんこう　すく この町は人口が少ないです。
마을	이 마을은 인구가 적습니다.
町	この町は人口が少ないです。

まど **窓**	まど　し 窓を閉めてください。
창문	창문을 닫아주세요.
窓	窓を閉めてください。

まんねんひつ **万年筆**	まんねんひつ 万年筆はいくらですか。
만년필	만년필은 얼마입니까?
万年筆	万年筆はいくらですか。

ゆうびんきょく　　　　　 まえ　　　　　　　　　　　　　　　　　　　ゆうびん
郵便局 우체국 | 前 앞 | ~に ~에 | 郵便ポスト 우체통 | ~が ~이/가 | あります (사

물·식물·무생물)있습니다 | この 이 | 町 마을 | 人口 인구/사람의 수 | 少ない 적다 | 窓 창

문 | 閉める (문 따위를)닫다 | 万年筆 만년필 | いくら 얼마

✏️ **문장으로 단어를 익히고 손으로 직접 써보세요**

みぎ 右	コンビニの前で右に曲がってください。
오른쪽	편의점 앞에서 오른쪽으로 돌아주세요.
右	コンビニの前で右に曲がってください。

みず 水	食事の前に水を飲みます。
물	식사 전에 물을 마십니다.
水	食事の前に水を飲みます。

みせ 店	あの店の店員は親切です。
가게/상점	저 가게의 점원은 친절합니다.
店	あの店の店員は親切です。

みち 道	道に迷っている人を案内した。
길	길을 잃은(헤매고 있는)사람을 안내했다.
道	道に迷っている人を案内した。

コンビニ 편의점 | 前 앞 | ~で ~에서 | 右 오른쪽 | ~に ~(으)로 | 曲がる 돌다 | 食事 식사 | 前 ~앞/전 | ~に ~에 | 水 물 | ~を ~을/를 | 飲む 마시다 | あの 저 | 店 가게 | 店員 점원 | 親切 친절 | 道 길 | 迷う 헤매다/방향을 잃다 | 人 사람 | 案内 안내

✏️ **문장으로 단어를 익히고 손으로 직접 써보세요**

<ruby>皆<rt>みな</rt></ruby>さん	<ruby>皆<rt>みな</rt></ruby>さん、おはようございます。
여러분	여러분 안녕하세요(오전 인사).
皆さん	皆さん、おはようございます。

<ruby>南<rt>みなみ</rt></ruby>	あちらは<ruby>南<rt>みなみ</rt></ruby>です。
남쪽	저쪽은 남쪽입니다.
南	あちらは南です。

<ruby>耳<rt>みみ</rt></ruby>	<ruby>耳<rt>みみ</rt></ruby>に<ruby>炎症<rt>えんしょう</rt></ruby>が<ruby>起<rt>お</rt></ruby>きた。
귀	귀에 염증이 생겼다.
耳	耳に炎症が起きた。

みんな	みんな、<ruby>何人<rt>なんにん</rt></ruby>ですか。
모두	모두 몇 명입니까?
みんな	みんな、何人ですか。

<ruby>皆<rt>みな</rt></ruby>さん 여러분 | おはようございます 안녕하세요(오전인사) | あちら 저쪽 | <ruby>南<rt>みなみ</rt></ruby> 남쪽
| ~です ~ㅂ니다 | <ruby>耳<rt>みみ</rt></ruby> 귀 | ~に ~에 | <ruby>炎症<rt>えんしょう</rt></ruby> 염증 | <ruby>起<rt>お</rt></ruby>きる 일어나다/생기다/발생하다 |
みんな 모두 | <ruby>何人<rt>なんにん</rt></ruby> 몇 명

✏️ **문장으로 단어를 익히고 손으로 직접 써보세요**

め **目** 눈	かのじょ め うつく 彼女の目は美しいです。 그녀의 눈은 아름답습니다.
目	彼女の目は美しいです。

め がね **眼鏡** 안경	め がね や め がね か 眼鏡屋で眼鏡を買いました。 안경점에서 안경을 샀습니다.
眼鏡	眼鏡屋で眼鏡を買いました。

もの **物** 물건	たか もの ほ かん 高い物はロッカーに保管してください。 비싼 물건은 보관함에 보관해 주세요.
物	高い物はロッカーに保管してください。

もんだい **問題** 문제	こんかい し けんもんだい むずか 今回の試験問題はとても難しかったです。 이번 시험 문제는 매우 어려웠습니다.
問題	今回の試験問題はとても難しかったです。

かのじょ め うつく め がね や め がね か
彼女 그녀 | 目 눈 | 美しい 아름답다 | 眼鏡屋 안경점 | 眼鏡 안경 | 買う 사다 |
たか もの ほ かん こんかい
高い 높다/비싸다 | 物 물건 | ロッカー 로커(보관함) | 保管 보관 | 今回 이번/금번 |
し けん もんだい むずか
試験 시험 | 問題 문제 | とても 매우/몹시/대단히 | 難しい 어렵다

번호	단어	읽는 법	뜻	체크
1	野菜	やさい	야채/채소	☐
2	休み	やすみ	휴가/휴일/방학	☐
3	山	やま	산	☐
4	夕方	ゆうがた	저녁	☐
5	郵便局	ゆうびんきょく	우체국	☐
6	ゆうべ	ゆうべ	어젯밤	☐
7	雪	ゆき	눈	☐
8	横	よこ	옆	☐
9	夜	よる	밤	☐
10	来月	らいげつ	다음 달	☐
11	来週	らいしゅう	다음 주	☐
12	来年	らいねん	내년	☐
13	留学生	りゅうがくせい	유학생	☐
14	両親	りょうしん	양친/부모	☐
15	料理	りょうり	요리	☐
16	旅行	りょこう	여행	☐
17	れい	れい	영(숫자)	☐
18	冷蔵庫	れいぞうこ	냉장고	☐
19	練習	れんしゅう	연습	☐
20	私	わたし	나/저	☐

✏️ **문장으로 단어를 익히고 손으로 직접 써보세요**

野菜 やさい 야채/채소	この店の野菜は新鮮です。 みせ　やさい　しんせん 이 가게의 야채는 신선합니다.
野菜	この店の野菜は新鮮です。

休み やす 휴가/휴일/방학	今度の休みにはスキー場に行きます。 こんど　やす　じょう　い 이번 방학에는 스키장에 갑니다.
休み	今度の休みにはスキー場に行きます。

山 やま 산	山に登ると爽快です。 やま　のぼ　そうかい 산에 오르면 상쾌합니다.
山	山に登ると爽快です。

夕方 ゆうがた 저녁	夕方の空はきれいです。 ゆうがた　そら 저녁 하늘은 예쁩니다.
夕方	夕方の空はきれいです。

この 이 | 店 가게 | ~の ~의 | 野菜 야채/채소 | 新鮮 신선 | ~です ~ㅂ니다 | 今度 이번 | 休み 휴가/휴일/방학 | スキー場 스키장 | ~に ~에 | 行く 가다 | 山 산 | 登る 오르다 | 爽快 상쾌 | 夕方 저녁 | 空 하늘 | きれいだ 예쁘다/깨끗하다

✏️ 문장으로 단어를 익히고 손으로 직접 써보세요

ゆうびんきょく **郵便局** 우체국	きって ゆうびんきょく はんばい 切手は郵便局で販売しています。 우표는 우체국에서 판매하고 있습니다.
郵便局	切手は郵便局で販売しています。

ゆうべ 어젯밤	おそ ゆめ み ゆうべ恐ろしい夢を見た。 어젯밤 무서운 꿈을 꾸었다.
ゆうべ	ゆうべ恐ろしい夢を見た。

ゆき **雪** 눈	ゆき つ 雪が10センチ積もりました。 눈이 10센티미터 쌓였습니다.
雪	雪が10センチ積もりました。

よこ **横** 옆	よこ いす テーブルの横に椅子があります。 테이블 옆에 의자가 있습니다.
横	テーブルの横に椅子があります。

きって
切手 우표 | ゆうびんきょく
郵便局 우체국 | ～で ~에서 | はんばい
販売 판매 | ゆうべ 어젯밤 | おそ
恐ろしい 무섭다 | ゆめ み
夢を見る 꿈꾸다 | ゆき
雪 눈 | センチ 센티(센티메트르의 줄임말) | つ
積もる 쌓이다 | テーブル 테이블 | よこ
横 옆 | いす
椅子 의자 | あります (사물·식물·무생물)있습니다

[N5 명사] や행~わ행 단어쓰기 03

✏️ 문장으로 단어를 익히고 손으로 직접 써보세요

よる 夜	あき よる すず 秋の夜は涼しいです。
밤	가을밤은 선선합니다.
夜	秋の夜は涼しいです。

らいげつ 来月	らいげつ に ほん ご し けん 来月に日本語の試験があります。
다음 달	다음 달에 일본어 시험이 있습니다.
来月	来月に日本語の試験があります。

らいしゅう 来週	らいしゅう やす 来週から休みです。
다음 주	다음 주부터 휴가입니다.
来週	来週から休みです。

らいねん 来年	らいねん りゅうがく けいかく 来年に留学を計画しています。
내년	내년에 유학을 계획하고 있습니다.
来年	来年に留学を計画しています。

あき 秋 가을｜よる 夜 밤｜すず 涼しい 시원하다/선선하다/서늘하다｜らいげつ 来月 다음 달｜~に ~에｜に ほん 日本
ご 語 일본어｜し けん 試験 시험｜あります (사물·식물·무생물)있습니다｜らいしゅう 来週 다음 주｜~から ~
에서/~(로)부터｜休み 휴일/휴가｜らいねん 来年 내년｜りゅうがく 留学 유학｜けいかく 計画 계획

✏️ **문장으로 단어를 익히고 손으로 직접 써보세요**

りゅうがくせい **留学生**	かのじょ りゅうがくせい かんこく き 彼女は留学生として韓国に来ました。
유학생	그녀는 유학생으로 한국에 왔습니다.
留学生	彼女は留学生として韓国に来ました。

りょうしん **両親**	かのじょ りょうしん い 彼女の両親にあいさつしに行きました。
양친/부모/어버이	그녀의 부모님께 인사드리러 갔습니다.
両親	彼女の両親にあいさつしに行きました。

りょう り **料理**	わたし に ほんりょうり なら 私は日本料理を習っています。
요리	저는 일본요리를 배우고 있습니다.
料理	私は日本料理を習っています。

りょこう **旅行**	こん ど やす ともだち りょこう い 今度の休みは友達とインド旅行に行きます。
여행	이번 휴가는 친구와 인도여행을 갑니다.
旅行	今度の休みは友達とインド旅行に行きます。

かのじょ　　　　　　りゅうがくせい　　　　　　　　　　　　　　　かんこく　　く
彼女 그녀 | 留学生 유학생 | ~として ~의 자격으로서/(으)로서 | 韓国 한국 | 来る 오
りょうしん　　　　　　　　　　　　　　い　　　　に ほん　　　　りょう り
다 | 両親 양친/부모/어버이 | あいさつ 인사 | 行く 가다 | 日本 일본 | 料理 요리 |
なら　　　　　こん ど　　　　　やす　　　　　　　　ともだち　　　　　　　　　りょこう
習う 배우다 | 今度 이번 | 休み 휴일/휴가 | 友達 친구 | インド 인도 | 旅行 여행

✏️ **문장으로 단어를 익히고 손으로 직접 써보세요**

れい 영(숫자)	5から5を引くと0になります。
	5에서 5를 빼면 0이 됩니다.
れい	5から5を引くと0になります。

れいぞうこ 冷蔵庫 냉장고	牛乳は冷蔵庫に入れてください。
	우유는 냉장고에 넣어주세요.
冷蔵庫	牛乳は冷蔵庫に入れてください。

れんしゅう 練習 연습	サッカーの試合のためにサッカーの練習をします。
	축구 시합을 위해 축구연습을 합니다.
練習	サッカーの試合のためにサッカーの練習をします。

わたし 私 나/저	私はコーヒーが好きです。
	저는 커피를 좋아합니다.
私	私はコーヒーが好きです。

~から ~에서/~(로)부터 | 引く 빼다 | 0 영(숫자) | ~になる ~이/가 되다 | 牛乳 우유 | 冷蔵庫 냉장고 | 入れる 넣다/들어가게 하다/속(안)에 집어넣다 | サッカー 축구 | 試合 경기/시합 | ~のために ~을/를 위해서 | 練習 연습 | 私 나/저 | コーヒー 커피 | ~が好きだ ~을/를 좋아하다

69

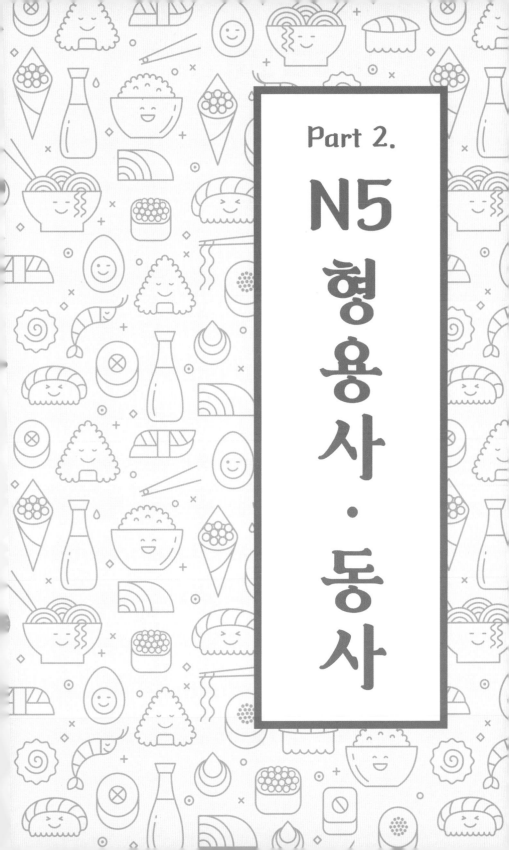

Part 2.

N5

형용사 · 동사

번호	단어	읽는 법	뜻	체크
1	青い	あおい	파랗다	☐
2	赤い	あかい	빨갛다	☐
3	明るい	あかるい	밝다	☐
4	暖かい	あたたかい	따뜻하다	☐
5	新しい	あたらしい	새롭다	☐
6	暑い	あつい	덥다	☐
7	危ない	あぶない	위험하다	☐
8	甘い	あまい	달다	☐
9	忙しい	いそがしい	바쁘다	☐
10	痛い	いたい	아프다	☐
11	おいしい	おいしい	맛있다	☐
12	大きい	おおきい	크다	☐
13	遅い	おそい	늦다	☐
14	重い	おもい	무겁다	☐
15	面白い	おもしろい	재미있다	☐
16	軽い	かるい	가볍다	☐
17	かわいい	かわいい	귀엽다	☐
18	汚い	きたない	더럽다	☐
19	暗い	くらい	어둡다	☐
20	黒い	くろい	검다/까맣다	☐

✏️ **문장으로 단어를 익히고 손으로 직접 써보세요**

あお **青い**	あお え ぐ 青い絵の具をこぼしました。
파랗다	파란 물감을 쏟았습니다.
青い	青い絵の具をこぼしました。

あか **赤い**	あか はな か 赤いバラの花を買いました。
빨갛다	빨간 장미꽃을 샀습니다.
赤い	赤いバラの花を買いました。

あか **明るい**	かれ ひょうじょう あか 彼の表情はいつも明るいです。
밝다	그의 표정은 항상 밝습니다.
明るい	彼の表情はいつも明るいです。

あたた **暖かい**	てんき あたた はる 天気が暖かい春ですね。
따뜻하다	날씨가 따뜻한 봄이네요.
暖かい	天気が暖かい春ですね。

あお
青い 파랗다 | え ぐ
絵の具 그림물감 | こぼす 흘리다/엎지르다 | あか
赤い 빨갛다 | バラ 장미 | はな
花 꽃 | か
買う 사다 | 彼 그 | ひょうじょう
表情 표정 | いつも 항상/언제나 | あか
明るい 밝다 | てんき
天気 날씨 | あたた
暖かい 따뜻하다 | はる
春 봄

73

✎ 문장으로 단어를 익히고 손으로 직접 써보세요

あたら 新しい	かいがい かつどう あたら けいけん 海外でのボランティア活動は新しい経験だった。
새롭다	해외에서의 봉사활동은 새로운 경험이었다.
新しい	海外でのボランティア活動は新しい経験だった。

あつ 暑い	きょう てん き あつ 今日は天気が暑いです。
덥다	오늘은 날씨가 덥습니다.
暑い	今日は天気が暑いです。

あぶ 危ない	き うえ のぼ あぶ 木の上に登ると危ないです。
위험하다	나무 위에 올라가면 위험합니다.
危ない	木の上に登ると危ないです。

あま 甘い	もも あま この桃は甘くておいしいです。
달다	이 복숭아는 달고 맛있습니다.
甘い	この桃は甘くておいしいです。

かいがい
海外 해외 | ~で ~에서 | ~の ~의 | ボランティア活動 봉사활동 | 新しい 새롭다
けいけん   きょう   てんき   あつ   き   うえ   のぼ
| 経験 경험 | 今日 오늘 | 天気 날씨 | 暑い 덥다 | 木 나무 | 上 위 | 登る 오르다 |
あぶ   もも   あま
危ない 위험하다 | この 이 | 桃 복숭아 | 甘い 달다 | おいしい 맛있다

✎ 문장으로 단어를 익히고 손으로 직접 써보세요

いそが 忙しい 바쁘다	かれ あいか いそが 彼は相変わらず忙しいです。 그는 여전히 바쁩니다.
忙しい	彼は相変わらず忙しいです。

いた 痛い 아프다	のど えんしょう お いた 喉に炎症が起きて痛いです。 목에 염증이 생겨서 아픕니다.
痛い	喉に炎症が起きて痛いです。

おいしい 맛있다	みせ この店のカレーはおいしいです。 이 가게의 카레는 맛있습니다.
おいしい	この店のカレーはおいしいです。

おお 大きい 크다	おお こえ こた 大きい声で答えてください。 큰 소리로 대답해 주세요.
大きい	大きい声で答えてください。

かれ あいか いそが のど えんしょう お
彼 그 | 相変わらず 여전히 | 忙しい 바쁘다 | 喉 인후/목구멍 | 炎症 염증 | 起きる

いた みせ
일어나다/생기다/발생하다 | 痛い 아프다 | 店 가게 | カレー 카레 | おいしい 맛있다 |

おお こえ こた
大きい 크다 | 声 (목)소리 | ~で ~(으)로 | 答える 대답하다

✏️ **문장으로 단어를 익히고 손으로 직접 써보세요**

おそ **遅い**	試験の準備で遅い時間まで勉強しました。
늦다	시험 준비로 늦은 시간까지 공부했습니다.
遅い	試験の準備で遅い時間まで勉強しました。

おも **重い**	重い荷物を運ぶのを手伝ってくれました。
무겁다	무거운 짐을 나르는 것을 도와주었습니다.
重い	重い荷物を運ぶのを手伝ってくれました。

おもしろ **面白い**	面白いゲームをしています。
재미있다	재미있는 게임을 하고 있습니다.
面白い	面白いゲームをしています。

かる **軽い**	ダイエットで体が軽くなった。
가볍다	다이어트로 몸이 가벼워졌다.
軽い	ダイエットで体が軽くなった。

試験 시험 | 準備 준비 | 遅い 늦다 | 時間 시간 | ~まで ~까지 | 勉強 공부 | 重い 무겁다 | 荷物 짐 | 運ぶ 나르다/옮기다/운반하다 | 手伝う 남을 도와서 일하다 | くれる 주다 | 面白い 재미있다 | ゲーム 게임 | ダイエット 다이어트 | 体 몸 | 軽い 가볍다

✏️ **문장으로 단어를 익히고 손으로 직접 써보세요**

かわいい 귀엽다	<ruby>彼氏<rt>かれ し</rt></ruby>にかわいい<ruby>人形<rt>にんぎょう</rt></ruby>をプレゼントしてもらった。 남자친구에게 귀여운 인형을 선물 받았다.
かわいい	彼氏にかわいい人形をプレゼントしてもらった。

<ruby>汚<rt>きたな</rt></ruby>い 더럽다	<ruby>汚<rt>きたな</rt></ruby>い<ruby>服<rt>ふく</rt></ruby>を<ruby>捨<rt>す</rt></ruby>てました。 더러운 옷을 버렸습니다.
汚い	汚い服を捨てました。

<ruby>暗<rt>くら</rt></ruby>い 어둡다	<ruby>部屋<rt>へ や</rt></ruby>は<ruby>暗<rt>くら</rt></ruby>くて<ruby>静<rt>しず</rt></ruby>かでした。 방은 어둡고 조용했습니다.
暗い	部屋は暗くて静かでした。

<ruby>黒<rt>くろ</rt></ruby>い 검다/까맣다	<ruby>彼女<rt>かのじょ</rt></ruby>は<ruby>黒<rt>くろ</rt></ruby>いコートを<ruby>着<rt>き</rt></ruby>ています。 그녀는 검정 코트를 입고 있습니다.
黒い	彼女は黒いコートを着ています。

<ruby>彼氏<rt>かれ し</rt></ruby> 남자친구 | ~に ~에게 | かわいい 귀엽다 | <ruby>人形<rt>にんぎょう</rt></ruby> 인형 | プレゼント 선물 | もらう (선물 따위를)받다/얻다 | <ruby>汚<rt>きたな</rt></ruby>い 더럽다 | <ruby>服<rt>ふく</rt></ruby> 옷 | <ruby>捨<rt>す</rt></ruby>てる 버리다 | <ruby>部屋<rt>へ や</rt></ruby> 방 | <ruby>暗<rt>くら</rt></ruby>い 어둡다 | <ruby>静<rt>しず</rt></ruby>かだ 조용하다 | <ruby>彼女<rt>かのじょ</rt></ruby> 그녀 | <ruby>黒<rt>くろ</rt></ruby>い 검다/까맣다 | コート 코트 | <ruby>着<rt>き</rt></ruby>る (옷을)입다

번호	단어	읽는 법	뜻	체크
1	寒い	さむい	춥다	☐
2	白い	しろい	하얗다	☐
3	涼しい	すずしい	선선하다	☐
4	狭い	せまい	좁다	☐
5	高い	たかい	높다/비싸다/(키가)크다	☐
6	楽しい	たのしい	즐겁다	☐
7	小さい	ちいさい	작다	☐
8	近い	ちかい	가깝다	☐
9	つまらない	つまらない	시시하다	☐
10	冷たい	つめたい	차다/차갑다	☐
11	強い	つよい	강하다	☐
12	遠い	とおい	멀다	☐
13	長い	ながい	길다	☐
14	広い	ひろい	넓다	☐
15	太い	ふとい	굵다	☐
16	欲しい	ほしい	원하다/갖고 싶다	☐
17	細い	ほそい	가늘다/좁다	☐
18	まずい	まずい	맛없다	☐
19	丸い	まるい	둥글다	☐
20	短い	みじかい	짧다	☐

✏️ 문장으로 단어를 익히고 손으로 직접 써보세요

さむ **寒い**	つめ かぜ ふ さむ 冷たい風が吹いて寒いです。
춥다	차가운 바람이 불어서 춥습니다.
寒い	冷たい風が吹いて寒いです。

しろ **白い**	しろ がようし え か 白い画用紙に絵を描きました。
하얗다	하얀 도화지에 그림을 그렸습니다.
白い	白い画用紙に絵を描きました。

すず **涼しい**	あき すず かぜ ふ 秋には涼しい風が吹く。
선선하다	가을에는 선선한 바람이 분다.
涼しい	秋には涼しい風が吹く。

せま **狭い**	こうどうはん い せま 行動範囲が狭いです。
좁다	행동 범위가 좁습니다.
狭い	行動範囲が狭いです。

つめ
冷たい 차갑다 | かぜ
風 바람 | ふ
吹く 불다 | さむ
寒い 춥다 | しろ
白い 하얗다 | がようし
画用紙 도화지 | ～
に ~에 | え
絵 그림 | えが か
描く/描く 그리다/그림을 그리다/묘사하다 | あき
秋 가을 | すず
涼しい 선선하
다 | こうどう
行動 행동 | はん い
範囲 범위 | せま
狭い 좁다

79

✏️ **문장으로 단어를 익히고 손으로 직접 써보세요**

高^{たか}い 높다/비싸다/(키가)크다	値段^{ねだん}は高^{たか}いが価値^{かち}がない。 값은 비싸지만 가치가 없다.
高い	値段は高いが価値がない。

楽^{たの}しい 즐겁다	遠足^{えんそく}は楽^{たの}しかったです。 소풍은 즐거웠습니다.
楽しい	遠足は楽しかったです。

小^{ちい}さい 작다	この服^{ふく}は小^{ちい}さくて着^きられない。 이 옷은 작아서 입을 수 없다.
小さい	この服は小さくて着られない。

近^{ちか}い 가깝다	駅^{えき}から近^{ちか}い所^{ところ}に銀行^{ぎんこう}があります。 역에서 가까운 곳에 은행이 있습니다.
近い	駅から近い所に銀行があります。

値段^{ねだん} 값/가격 | 高^{たか}い 비싸다 | 価値^{かち} 가치 | ない 없다 | 遠足^{えんそく} 소풍 | 楽^{たの}しい 즐겁다 |
服^{ふく} 옷 | 小^{ちい}さい 작다 | 着^きる (옷을)입다 | 駅^{えき} 역 | ～から ~에서/~(로)부터 | 近^{ちか}い 가깝다
| 所^{ところ} 곳/장소 | ～に ~에 | 銀行^{ぎんこう} 은행 | ある 있다

[N5 い형용사] 단어 쓰기 03

✏️ **문장으로 단어를 익히고 손으로 직접 써보세요**

つまらない	^{かれ}彼はつまらない^{はなし}話を^{しんこく}深刻にしています。
시시하다	그는 시시한 이야기를 심각하게 하고 있습니다.
つまらない	彼はつまらない話を深刻にしています。

^{つめ}**冷たい**	^{つめ}冷たいビールがおいしいです。
차다/차갑다	차가운 맥주가 맛있습니다.
冷たい	冷たいビールがおいしいです。

^{つよ}**強い**	^{わたし}私は^{さむ}寒さに^{つよ}強いです。
강하다	나는 추위에 강합니다.
強い	私は寒さに強いです。

^{とお}**遠い**	^{うち}家から^{えき}駅まで^{きょり}距離が^{とお}遠い。
멀다	집(우리집)에서 역까지 거리가 멀다.
遠い	家から駅まで距離が遠い。

^{かれ}彼 그 | つまらない 시시하다 | ^{はなし}話 이야기/말 | ^{しんこく}深刻 심각 | ^{つめ}冷たい 차다/차갑다 | ビール 맥주 | おいしい 맛있다 | ^{わたし}私 나/저 | ^{さむ}寒さ 추위 | ~に ~에 | ^{つよ}強い 강하다 | ^{うち}家 집(우리집) | ~から ~에서/~(로)부터 | ^{えき}駅 역 | ~まで ~까지 | ^{きょり}距離 거리 | ^{とお}遠い 멀다

✏️ **문장으로 단어를 익히고 손으로 직접 써보세요**

長^{なが}い	キリンは首^{くび}が長^{なが}い。
길다	기린은 목이 길다.
長い	キリンは首が長い。

広^{ひろ}い	広^{ひろ}い公園^{こうえん}を散歩^{さんぽ}しました。
넓다	넓은 공원을 산책했습니다.
広い	広い公園を散歩しました。

太^{ふと}い	鉛筆^{えんぴつ}の芯^{しん}が太^{ふと}い。
굵다	연필심이 굵다.
太い	鉛筆の芯が太い。

欲^ほしい	新型^{しんがた}ノートパソコンが欲^ほしいです。
원하다/갖고 싶다	신형 노트북을 갖고 싶습니다.
欲しい	新型ノートパソコンが欲しいです。

キリン 기린 | 首^{くび} 목/모가지 | 長^{なが}い 길다 | 広^{ひろ}い 넓다 | 公園^{こうえん} 공원 | 散歩^{さんぽ} 산책 | 鉛筆^{えんぴつ}の芯^{しん} 연필심 | 太^{ふと}い 굵다 | 新型^{しんがた} 신형 | ノートパソコン 노트북컴퓨터 | 欲^ほしい 원하다/갖고 싶다

✎ **문장으로 단어를 익히고 손으로 직접 써보세요**

ほそ **細い** 가늘다/좁다	さいきん ほそ はや 最近は細いペンが流行っています。 최근에는 가는 펜이 유행하고 있습니다.
細い	最近は細いペンが流行っています。

まずい 맛없다	た もの この食べ物はまずい。 이 음식은 맛이 없다.
まずい	この食べ物はまずい。

まる **丸い** 둥글다	ひ く まる つき で 日が暮れると、丸い月が出た。 날이 저물자 둥근 달이 떴다.
丸い	日が暮れると、丸い月が出た。

みじか **短い** 짧다	し けん じ かん みじか 試験時間はとても短かったです。 시험시간은 매우 짧았습니다.
短い	試験時間はとても短かったです。

さいきん ほそ はや た もの
最近 최근 | 細い 가늘다/좁다 | ペン 펜 | 流行る 유행하다 | 食べ物 음식 | まず
ひ く まる つき で
い 맛없다 | 日 날/해 | 暮れる 저물다/해가 지다 | 丸い 둥글다 | 月が出る 달이 뜨다 |
し けん じ かん みじか
試験 시험 | 時間 시간 | とても 매우/대단히 | 短い 짧다

13일차 단어 미리 보기 알고 있는 단어를 체크해 보세요

번호	단어	읽는 법	뜻	체크
1	難しい	むずかしい	어렵다	☐
2	安い	やすい	싸다	☐
3	若い	わかい	젊다	☐
4	悪い	わるい	나쁘다	☐
5	嫌いだ	きらいだ	싫어하다	☐
6	きれいだ	きれいだ	예쁘다/깨끗하다	☐
7	静かだ	しずかだ	조용하다	☐
8	上手だ	じょうずだ	잘하다/능숙하다	☐
9	丈夫だ	じょうぶだ	튼튼하다/건강하다	☐
10	好きだ	すきだ	좋아하다	☐
11	大丈夫だ	だいじょうぶだ	괜찮다/문제없다	☐
12	大好きだ	だいすきだ	매우 좋아하다	☐
13	大切だ	たいせつだ	소중하다/중요하다	☐
14	大変だ	たいへんだ	힘들다/큰일이다	☐
15	賑やかだ	にぎやかだ	번화하다/떠들썩하다	☐
16	暇だ	ひまだ	한가하다	☐
17	下手だ	へただ	서투르다/잘못하다	☐
18	便利だ	べんりだ	편리하다	☐
19	有名だ	ゆうめいだ	유명하다	☐
20	立派だ	りっぱだ	훌륭하다	☐

✏️ **문장으로 단어를 익히고 손으로 직접 써보세요**

むずか **難しい**	<ruby>本<rt>ほん</rt></ruby>の<ruby>内容<rt>ないよう</rt></ruby>は<ruby>難<rt>むずか</rt></ruby>しいです。この本の内容は難しいです。
어렵다	이 책의 내용은 어렵습니다.
難しい	この本の内容は難しいです。

やす **安い**	このりんごは<ruby>値段<rt>ねだん</rt></ruby>も<ruby>安<rt>やす</rt></ruby>いし、<ruby>味<rt>あじ</rt></ruby>もいいです。
(값이)싸다	이 사과는 값도 싸고 맛도 좋습니다.
安い	このりんごは値段も安いし、味もいいです。

わか **若い**	<ruby>私<rt>わたし</rt></ruby>は<ruby>若<rt>わか</rt></ruby>い<ruby>時<rt>とき</rt></ruby><ruby>登山<rt>とざん</rt></ruby>が<ruby>好<rt>す</rt></ruby>きでした。
젊다	나는 젊었을 때 등산을 좋아했습니다.
若い	私は若い時登山が好きでした。

わる **悪い**	<ruby>嘘<rt>うそ</rt></ruby>は<ruby>悪<rt>わる</rt></ruby>い。
나쁘다	거짓말은 나쁘다.
悪い	嘘は悪い。

<ruby>本<rt>ほん</rt></ruby> 책 | ~の ~의/~의 것 | <ruby>内容<rt>ないよう</rt></ruby> 내용 | <ruby>難<rt>むずか</rt></ruby>しい 어렵다 | りんご 사과 | <ruby>値段<rt>ねだん</rt></ruby> 값/가격 | <ruby>安<rt>やす</rt></ruby>い 싸다 | ~し ~고(사물을 열거해서 말할 때에 씀) | <ruby>味<rt>あじ</rt></ruby> 맛 | いい 좋다 | <ruby>私<rt>わたし</rt></ruby> 나/저 | <ruby>若<rt>わか</rt></ruby>い 젊다 | <ruby>時<rt>とき</rt></ruby> 때/시 | <ruby>登山<rt>とざん</rt></ruby> 등산 | ~が好きだ ~을/를 좋아하다 | <ruby>嘘<rt>うそ</rt></ruby> 거짓말 | <ruby>悪<rt>わる</rt></ruby>い 나쁘다

✏️ 문장으로 단어를 익히고 손으로 직접 써보세요

きら **嫌いだ**	た なか ぎゅうにゅう きら 田中さんは牛乳が嫌いです。
싫어하다	다나카 씨는 우유를 싫어합니다.
嫌いだ	田中さんは牛乳が嫌いです。

きれいだ	こうえん この公園はきれいです。
예쁘다/깨끗하다	이 공원은 깨끗합니다.
きれいだ	この公園はきれいです。

しず **静かだ**	と しょかん しず 図書館は静かです。
조용하다	도서관은 조용합니다.
静かだ	図書館は静かです。

じょう ず **上手だ**	か のじょ りょうり じょう ず 彼女は料理が上手です。
잘하다/능숙하다	그녀는 요리를 잘합니다.
上手だ	彼女は料理が上手です。

~さん ~씨 | 牛乳 우유 | ~が嫌いだ ~을/를 싫어하다 | この 이 | 公園 공원 | きれいだ 예쁘다/깨끗하다 | 図書館 도서관 | 静かだ 조용하다 | 彼女 그녀 | 料理 요리 | ~が上手だ ~을(를) 잘하다/능숙하다

✏️ **문장으로 단어를 익히고 손으로 직접 써보세요**

じょう ぶ **丈夫だ**	こ ども　じょう ぶ　　　　　　　　そ だ 子供は丈夫にすくすく育っています。
튼튼하다/건강하다	아이는 튼튼하게 무럭무럭 자라고 있습니다.
丈夫だ	子供は丈夫にすくすく育っています。

す **好きだ**	わたし　おんがく　す 私は音楽が好きです。
좋아하다	저는 음악을 좋아합니다.
好きだ	私は音楽が好きです。

だいじょう ぶ **大丈夫だ**	か し　　　た　　　　だいじょうぶ このお菓子、食べても大丈夫ですか。
괜찮다/문제없다	이 과자, 먹어도 괜찮습니까?
大丈夫だ	このお菓子、食べても大丈夫ですか。

だい す **大好きだ**	あに　　　　　　　　だい す 兄はぶどうが大好きです。
매우 좋아하다	오빠는 포도를 매우 좋아합니다.
大好きだ	兄はぶどうが大好きです。

こ ども　　　　　　じょう ぶ　　　　　　　　　　　　　　　　　　　　　　　　　　　　　そ だ
子供 아이 | 丈夫だ 튼튼하다/건강하다 | すくすく 쑥쑥/무럭무럭 | 育つ 자라다/성장하다 |
おんがく　　　　　す　　　　　　　　　　　　　　　　か し　　　　　　　　　　　　　　　　　　　　　　　　　だいじょうぶ
音楽 음악 | ~が好きだ ~을/를 좋아하다 | お菓子 과자 | ~(し)ても ~(해)도 | 大丈夫
あに　　　　　　　　　　　　　　　　　　　だい す
だ 괜찮다/문제없다 | 兄 (나의)형/오빠 | ぶどう 포도 | ~が大好きだ ~을/를 매우 좋아하다

✏️ **문장으로 단어를 익히고 손으로 직접 써보세요**

たいせつ **大切だ**	がいこくご はんぷくがくしゅう たいせつ 外国語は反復学習が大切だ。
소중하다/중요하다	외국어는 반복학습이 중요하다.
大切だ	外国語は反復学習が大切だ。

たいへん **大変だ**	やくそく じ かん おく たいへん 約束の時間に遅れて大変だ。
힘들다/큰일이다	약속시간에 늦어서 큰일이다.
大変だ	約束の時間に遅れて大変だ。

にぎ **賑やかだ**	まつ むらぜんたい にぎ 祭りで村全体が賑やかだ。
번화하다/떠들썩하다	축제로 마을 전체가 떠들썩하다.
賑やかだ	祭りで村全体が賑やかだ。

ひま **暇だ**	ひま しゅうまつ どくしょ 暇な週末には読書をします。
한가하다	한가한 주말에는 독서를 합니다.
暇だ	暇な週末には読書をします。

がいこく ご はんぶく がくしゅう たいせつ やくそく
外国語 외국어 | 反復 반복 | 学習 학습 | 大切だ 소중하다/중요하다 | 約束 약속 |
じ かん おく たいへん まつ むら ぜんたい
時間 시간 | 遅れる 늦다 | 大変だ 힘들다/큰일이다 | 祭り 축제 | 村 마을 | 全体 전체
にぎ ひま しゅうまつ どくしょ
| 賑やかだ 번화하다/떠들썩하다 | 暇だ 한가하다 | 週末 주말 | 読書 독서

✏️ 문장으로 단어를 익히고 손으로 직접 써보세요

へた **下手だ**	まだ英語が下手です。
서투르다/잘 못하다	아직 영어를 잘 못합니다.
下手だ	まだ英語が下手です。

べんり **便利だ**	インターネットは便利です。
편리하다	인터넷은 편리합니다.
便利だ	インターネットは便利です。

ゆうめい **有名だ**	この店のパンは有名です。
유명하다	이 가게의 빵은 유명합니다.
有名だ	この店のパンは有名です。

りっぱ **立派だ**	彼は立派な人だ。
훌륭하다	그는 훌륭한 사람이다.
立派だ	彼は立派な人だ。

まだ 아직 | 英語 영어 | ~が下手だ ~을/를 잘 못하다(서투르다) | インターネット
인터넷 | 便利だ 편리하다 | 店 가게 | ~の ~의/의 것 | パン 빵 | 有名だ 유명하다 |
彼 그 | 立派だ 훌륭하다 | 人 사람

번호	단어	읽는 법	뜻	체크
1	会う	あう	만나다	☐
2	開く	あく	열리다	☐
3	開ける	あける	열다	☐
4	遊ぶ	あそぶ	놀다	☐
5	洗う	あらう	씻다	☐
6	ある	ある	(사물·식물)있다	☐
7	歩く	あるく	걷다	☐
8	言う	いう	말하다	☐
9	行く	いく	가다	☐
10	いる	いる	(사람·동물)있다	☐
11	入れる	いれる	넣다	☐
12	歌う	うたう	노래하다	☐
13	生まれる	うまれる	태어나다	☐
14	売る	うる	팔다	☐
15	起きる	おきる	일어나다	☐
16	置く	おく	놓다/두다	☐
17	教える	おしえる	가르치다	☐
18	覚える	おぼえる	기억하다/외우다	☐
19	泳ぐ	およぐ	헤엄치다/수영하다	☐
20	終わる	おわる	끝나다	☐

✎ **문장으로 단어를 익히고 손으로 직접 써보세요**

<ruby>会<rt>あ</rt></ruby>う	<ruby>友達<rt>ともだち</rt></ruby>に<ruby>会<rt>あ</rt></ruby>ってショッピングをします。
만나다	친구를 만나서 쇼핑을 합니다.
会う	友達に会ってショッピングをします。

<ruby>開<rt>あ</rt></ruby>く	ドアが<ruby>開<rt>あ</rt></ruby>きます。
열리다	문이 열립니다.
開く	ドアが開きます。

<ruby>開<rt>あ</rt></ruby>ける	<ruby>窓<rt>まど</rt></ruby>を<ruby>開<rt>あ</rt></ruby>けてください。
열다	창문을 열어주세요.
開ける	窓を開けてください。

<ruby>遊<rt>あそ</rt></ruby>ぶ	<ruby>子供<rt>こども</rt></ruby>たちがプールで<ruby>遊<rt>あそ</rt></ruby>んでいます。
놀다	아이들이 수영장에서 놀고 있습니다.
遊ぶ	子供たちがプールで遊んでいます。

<ruby>友達<rt>ともだち</rt></ruby> 친구 ㅣ ~に<ruby>会<rt>あ</rt></ruby>う ~을/를 만나다 ㅣ ショッピング 쇼핑 ㅣ ~を ~을/를 ㅣ ドア 문 ㅣ <ruby>開<rt>あ</rt></ruby>く 열리다 ㅣ <ruby>窓<rt>まど</rt></ruby> 창문 ㅣ <ruby>開<rt>あ</rt></ruby>ける 열다 ㅣ <ruby>子供<rt>こども</rt></ruby> 아이 ㅣ ~たち ~들(복수) ㅣ プール 풀/수영장 ㅣ ~で ~에서 ㅣ <ruby>遊<rt>あそ</rt></ruby>ぶ 놀다

✏️ 문장으로 단어를 익히고 손으로 직접 써보세요

あら **洗う**	て あら 手をきれいに洗ってください。
씻다	손을 깨끗하게 씻으세요.
洗う	手をきれいに洗ってください。

ある	つくえ うえ て ちょう 机の上に手帳がある。
(사물·식물)있다	책상 위에 수첩이 있다.
ある	机の上に手帳がある。

ある **歩く**	かれ いっしょ ある 彼と一緒に歩きたい。
걷다	그와 함께 걷고 싶다.
歩く	彼と一緒に歩きたい。

い **言う**	がっこう せんせい い き 学校では先生の言うことをよく聞いてください。
말하다	학교에서는 선생님 말을 잘 들으세요.
言う	学校では先生の言うことをよく聞いてください。

て て
手 손 | きれいだ 예쁘다/깨끗하다 | あら
洗う 씻다 | つくえ
机 책상 | うえ
上 위 | て ちょう
手帳 수첩 | ある
(사물·식물)있다 | いっしょ
一緒に 함께 | ある
歩く 걷다 | ~たい ~(하)고 싶다 | がっこう
学校 학교 | ~では ~
에서는 | せんせい
先生 선생님 | い
言う 말하다 | こと 일/것 | よく 잘/자주 | き
聞く 듣다

✏️ 문장으로 단어를 익히고 손으로 직접 써보세요

行く い 가다	毎日8時に学校へ行きます。 まいにちはちじ　がっこう　い
	매일 8시에 학교에 갑니다.
行く	毎日8時に学校へ行きます。

いる (사람·동물)있다	玄関前に猫がいる。 げんかんまえ　ねこ
	현관 앞에 고양이가 있다.
いる	玄関前に猫がいる。

入れる い 넣다	薬味を入れてください。 やくみ　い
	양념을 넣어주세요.
入れる	薬味を入れてください。

歌う うた 노래하다	彼は舞台で歌います。 かれ　ぶたい　うた
	그는 무대에서 노래합니다.
歌う	彼は舞台で歌います。

毎日 매일 | 時 ~시 | ~に ~에 | 学校 학교 | ~へ ~로/으로/에/에게 | 行く 가다 | 玄関
현관 | ~前 ~앞/전 | 猫 고양이 | いる (사람·동물)있다 | 薬味 양념 | 入れる 넣다 | 彼 그
| 舞台 무대 | ~で ~에서 | 歌う 노래하다

✏️ **문장으로 단어를 익히고 손으로 직접 써보세요**

う **生まれる** 태어나다	かれ じゅういちがつ う 彼は11月に生まれました。 그는 11월에 태어났습니다.
生まれる	彼は11月に生まれました。

う **売る** 팔다	と けい ちゅう こ う 時計は中古で売りました。 시계는 중고로 팔았습니다.
売る	時計は中古で売りました。

お **起きる** 일어나다	わたし まいあさ ろくじ お 私は毎朝、6時に起きます。 저는 매일 아침 6시에 일어납니다.
起きる	私は毎朝、6時に起きます。

お **置く** 놓다/두다	かいしゃ けいたいでん わ お 会社に携帯電話を置いてきました。 회사에 핸드폰을 놓고 왔습니다.
置く	会社に携帯電話を置いてきました。

かれ がつ う と けい ちゅう こ う
彼 그 | 月 월 | ~に ~에 | 生まれる 태어나다 | 時計 시계 | 中古 중고 | 売る 팔다 |
わたし まいあさ じ お かいしゃ けいたいでん わ
私 나/저 | 毎朝 매일아침 | ~時 시 | 起きる 일어나다 | 会社 회사 | 携帯電話 핸드폰(휴
お
대 전화) | 置く 놓다/두다

✏️ **문장으로 단어를 익히고 손으로 직접 써보세요**

おし **教える**	たなか 田中さんは日本語を教えています。
가르치다	다나카 씨는 일본어를 가르치고 있습니다.
教える	田中さんは日本語を教えています。

おぼ **覚える**	わたし むかし 私は昔のことを覚えています。
기억하다/외우다	나는 오래전 일을 기억하고 있습니다.
覚える	私は昔のことを覚えています。

およ **泳ぐ**	ともだち およ 友達とプールで泳ぎました。
헤엄치다/수영하다	친구와 수영장에서 수영했습니다.
泳ぐ	友達とプールで泳ぎました。

お **終わる**	じゅぎょう お 授業が終わりました。
끝나다	수업이 끝났습니다.
終わる	授業が終わりました。

~さん ~씨 | 日本語(にほんご) 일본어 | 教(おし)える 가르치다 | 私(わたし) 나/저 | 昔(むかし) 옛날/예전 | こと 일/사건/사실 | 覚(おぼ)える 기억하다/외우다 | 友達(ともだち) 친구 | ~と ~와/과 | プール 풀/수영장 | ~で ~에서 | 泳(およ)ぐ 헤엄치다/수영하다 | 授業(じゅぎょう) 수업 | 終(お)わる 끝나다

15일차 단어 미리 보기 알고 있는 단어를 체크해 보세요

번호	단어	읽는 법	뜻	체크
1	買う	かう	사다	☐
2	帰る	かえる	돌아가다/돌아오다	☐
3	書く	かく	쓰다	☐
4	かける	かける	걸다(말·전화 등)	☐
5	貸す	かす	빌려주다	☐
6	かぶる	かぶる	쓰다	☐
7	借りる	かりる	빌리다	☐
8	聞く	きく	듣다	☐
9	着る	きる	입다	☐
10	来る	くる	오다	☐
11	答える	こたえる	대답하다	☐
12	困る	こまる	곤란하다	☐
13	咲く	さく	피다	☐
14	死ぬ	しぬ	죽다	☐
15	閉める	しめる	닫다	☐
16	知る	しる	알다	☐
17	吸う	すう	피우다	☐
18	住む	すむ	살다	☐
19	する	する	하다	☐
20	座る	すわる	앉다	☐

✎ **문장으로 단어를 익히고 손으로 직접 써보세요**

か **買う** 사다	ほん や えい ご ほん か 本屋で英語の本を買いました。 서점에서 영어책을 샀습니다.
	買う	本屋で英語の本を買いました。

かえ **帰る** 돌아가다/돌아오다	りゅうがくせいかつ お かんこく かえ き 留学生活を終えて韓国に帰って来ました。 유학 생활을 마치고 한국으로 돌아왔습니다.
	帰る	留学生活を終えて韓国に帰って来ました。

か **書く** 쓰다	まいにちにっき か 毎日日記を書きます。 매일 일기를 씁니다.
	書く	毎日日記を書きます。

かける 걸다(말·전화 등)	やま だ でん わ 山田さんに電話をかけた。 야마다 씨에게 전화를 걸었다.
	かける	山田さんに電話をかけた。

ほん や えい ご ほん か りゅうがく せいかつ お
本屋 서점/책방 | 英語 영어 | 本 책 | 買う 사다 | 留学 유학 | 生活 생활 | 終える
かんこく かえ く
(끝)마치다/종결짓다 | 韓国 한국 | ~に ~(으)로 | 帰る 돌아오다/돌아가다 | 来る 오다 |
まいにち にっ き か でん わ
毎日 매일 | 日記 일기 | 書く 쓰다 | 電話 전화 | かける 걸다(말·전화 등)

✎ 문장으로 단어를 익히고 손으로 직접 써보세요

か 貸す	ともだち かね か 友達にお金を貸した。
빌려주다	친구에게 돈을 빌려주었다.
貸す	友達にお金を貸した。

かぶる	た なか ぼう し 田中さんは帽子をかぶっています。
쓰다	다나카 씨는 모자를 쓰고 있습니다.
かぶる	田中さんは帽子をかぶっています。

か 借りる	と しょかん ほん か 図書館で本を借りました。
빌리다	도서관에서 책을 빌렸습니다.
借りる	図書館で本を借りました。

き 聞く	おんがく き 音楽を聞いています。
듣다	음악을 듣고 있습니다.
聞く	音楽を聞いています。

ともだち か ぼうし
友達 친구 | ~に ~에게 | お金 돈 | 貸す 빌려주다 | ~さん ~씨 | 帽子 모자 | かぶ
と しょかん ほん か おんがく き
る 쓰다 | 図書館 도서관 | 本 책 | 借りる 빌리다 | 音楽 음악 | 聞く 듣다

✎ 문장으로 단어를 익히고 손으로 직접 써보세요

き **着る** 입다	きもの　き 着物を着る。 기모노를 입다.
着る	着物を着る。

く **来る** 오다	かのじょ　き 彼女が来ています。 그녀가 오고 있습니다.
来る	彼女が来ています。

こた **答える** 대답하다	しつもん　こた 質問に答えてください。 질문에 대답해주세요.
答える	質問に答えてください。

こま **困る** 곤란하다	こま　　　　　　　そうだん 困ったことがあったら相談してください。 곤란한 일이 있으면 의논해 주십시오.
困る	困ったことがあったら相談してください。

きもの　　　　　　　き　　　　　　かのじょ　　　　　　く　　　　しつもん　　　　　　　こた
着物 기모노 | 着る 입다 | 彼女 그녀 | 来る 오다 | 質問 질문 | ~に ~에 | 答える 대
こま　　　　　　　　　　　　　　　　　　　　　そうだん
답하다 | 困る 곤란하다 | こと 일/것 | 相談 상담/상의/의논

[N5 동사] か행~さ행 단어 쓰기 04

✎ 문장으로 단어를 익히고 손으로 직접 써보세요

さ **咲く** 피다	春になると花が咲きました。
	봄이 되자 꽃이 피었습니다.
咲く	春になると花が咲きました。

し **死ぬ** 죽다	飼っていたカタツムリが死んだ。
	기르던 달팽이가 죽었다.
死ぬ	飼っていたカタツムリが死んだ。

し **閉める** 닫다	冷たい風が吹いて窓を閉めました。
	찬바람이 불어서 창문을 닫았습니다.
閉める	冷たい風が吹いて窓を閉めました。

し **知る** 알다	すでに知っています。
	이미 알고 있습니다.
知る	すでに知っています。

春 봄 | ～になる ~이/가 되다 | 花 꽃 | 咲く 피다 | 飼う 기르다/사육하다 | カタツムリ 달팽이 | 死ぬ 죽다 | 冷たい風 찬바람 | 吹く 불다 | 窓 창/창문 | 閉める 닫다 | すでに 이미/벌써/이전에 | 知る 알다

✏️ 문장으로 단어를 익히고 손으로 직접 써보세요

吸う 피우다	ここでタバコを吸ってはいけません。
	여기서 담배를 피우면 안 됩니다.
吸う	ここでタバコを吸ってはいけません。

住む 살다	彼は東京に住んでいます。
	그는 도쿄에 살고 있습니다.
住む	彼は東京に住んでいます。

する 하다	夫は新聞を読んで私は料理をする。
	남편은 신문을 읽고 나는 요리를 한다.
する	夫は新聞を読んで私は料理をする。

座る 앉다	彼女は公園のベンチに座っています。
	그녀는 공원 벤치에 앉아 있습니다.
座る	彼女は公園のベンチに座っています。

ここ 여기 | ~で ~에서 | タバコ 담배 | 吸う 피우다 | 彼 그 | 東京 도쿄 | ~に ~에 | 住む 살다 | 夫 남편 | 新聞 신문 | 読む 읽다 | 私 나/저 | 料理 요리 | する 하다 | 彼女 그녀 | 公園 공원 | ベンチ 벤치 | 座る 앉다

16일차 단어 미리 보기 알고 있는 단어를 체크해 보세요

번호	단어	읽는 법	뜻	체크
1	立つ	たつ	서다	☐
2	頼む	たのむ	부탁하다	☐
3	食べる	たべる	먹다	☐
4	違う	ちがう	다르다	☐
5	使う	つかう	사용하다	☐
6	疲れる	つかれる	피곤하다	☐
7	着く	つく	도착하다	☐
8	作る	つくる	만들다	☐
9	勤める	つとめる	근무하다	☐
10	出掛ける	でかける	나가다/외출하다	☐
11	出来る	できる	할 수 있다	☐
12	出る	でる	나가다/나오다	☐
13	飛ぶ	とぶ	날다	☐
14	止まる	とまる	서다/멈추다	☐
15	取る	とる	취하다/집다	☐
16	撮る	とる	(사진을)찍다	☐
17	習う	ならう	배우다	☐
18	並ぶ	ならぶ	나열되다/줄 서다	☐
19	並べる	ならべる	나열하다/줄 세우다	☐
20	寝る	ねる	자다	☐

✎ 문장으로 단어를 익히고 손으로 직접 써보세요

た 立つ	彼女は街路灯の下に立っています。
서다	그녀는 가로등 아래 서 있습니다.
立つ	彼女は街路灯の下に立っています。

たの 頼む	彼に頼みました。
부탁하다	그에게 부탁했습니다.
頼む	彼に頼みました。

た 食べる	日本でうどんを食べました。
먹다	일본에서 우동을 먹었습니다.
食べる	日本でうどんを食べました。

ちが 違う	方法は違うが結果は同じです。
다르다	방법은 다르지만 결과는 같습니다.
違う	方法は違うが結果は同じです。

かのじょ
彼女 그녀 | がいろとう
街路灯 가로등 | した
下 아래 | た
立つ 서다 | かれ
彼 그 | ~に ~에게 | たの
頼む 부탁하다 | にほん
日本 일본 | ~で ~에서 | うどん 우동 | た
食べる 먹다 | ほうほう
方法 방법 | ちが
違う 다르다 | ~が ~(지)만 | けっか
結果 결과 | おな
同じだ 같다/동일하다

✏️ 문장으로 단어를 익히고 손으로 직접 써보세요

つか **使う**	道具を使った形跡があります。
사용하다	도구를 사용한 흔적이 있습니다.
使う	道具を使った形跡があります。

つか **疲れる**	業務が多くて疲れています。
피곤하다	업무가 많아서 피곤합니다.
疲れる	業務が多くて疲れています。

つ **着く**	着いたらすぐ電話してください。
도착하다	도착하면 바로 전화해 주세요.
着く	着いたらすぐ電話してください。

つく **作る**	カレーを作りました。
만들다	카레를 만들었습니다.
作る	カレーを作りました。

どうぐ
道具 도구 | つか
使う 사용하다 | けいせき
形跡 흔적/자취 | ある 있다 | ぎょうむ
業務 업무 | おお
多い 많다 |
つか
疲れる 피곤하다 | つ
着く 도착하다 | すぐ 바로/즉시 | でんわ
電話 전화 | カレー 카레 | つく
作る

만들다

[N5 동사] た행~な행 단어 쓰기 03

✏️ 문장으로 단어를 익히고 손으로 직접 써보세요

つと **勤める** 근무하다	かのじょ びょういん つと 彼女は病院に勤めています。 그녀는 병원에 근무하고 있습니다.
勤める	彼女は病院に勤めています。

で か **出掛ける** 나가다/외출하다	はん た で か ご飯も食べずに出掛けた。 밥도 먹지 않고 나갔다.
出掛ける	ご飯も食べずに出掛けた。

で き **出来る** 할 수 있다	かのじょ で き 彼女なら出来る。 그녀라면 할 수 있다.
出来る	彼女なら出来る。

で **出る** 나가다/나오다	あさしちじ いえ で 朝7時に家を出ます。 아침 7시에 집을 나옵니다.
出る	朝7時に家を出ます。

かのじょ 　　　 びょういん 　　　　　　　　　　　　　　　　　　　　　　 つと 　　　　　　　　　 はん
彼女 그녀 | 病院 병원 | ～に ~에 | 勤める 근무하다 | ご飯 밥 | ～も ~도/~이나 |
た 　　　　　　　　　 で か 　　　　　　　　　　　　　　　　　　　　　　　　　　　　　 で き 　　　　　　　　　　　　 あさ
食べる 먹다 | 出掛ける 나가다/외출하다 | ～なら ~(라)면 | 出来る 할 수 있다 | 朝 아
じ 　　　　　 いえ 　　　 で
침 | ～時 ~시 | 家 집 | 出る 나가다/나오다

✎ 문장으로 단어를 익히고 손으로 직접 써보세요

<ruby>と<rt></rt></ruby> 飛ぶ	<ruby>とり<rt></rt></ruby>鳥が<ruby>そら<rt></rt></ruby>空を<ruby>と<rt></rt></ruby>飛んでいます。
날다	새가 하늘을 날고 있습니다.
飛ぶ	鳥が空を飛んでいます。

<ruby>と<rt></rt></ruby> 止まる	<ruby>れっしゃ<rt></rt></ruby>列車が<ruby>と<rt></rt></ruby>止まった。
서다/멈추다	열차가 멈췄다.
止まる	列車が止まった。

<ruby>と<rt></rt></ruby> 取る	<ruby>はし<rt></rt></ruby>箸を<ruby>と<rt></rt></ruby>取ってください。
취하다/집다	젓가락을 집어주세요.
取る	箸を取ってください。

<ruby>と<rt></rt></ruby> 撮る	<ruby>りょこうちゅう<rt></rt></ruby>旅行中に<ruby>しゃしん<rt></rt></ruby>写真を<ruby>と<rt></rt></ruby>撮った。
(사진을)찍다	여행 중에 사진을 찍었다.
撮る	旅行中に写真を撮った。

<ruby>とり<rt></rt></ruby>鳥 새 | <ruby>そら<rt></rt></ruby>空 하늘 | <ruby>と<rt></rt></ruby>飛ぶ 날다 | <ruby>れっしゃ<rt></rt></ruby>列車 열차 | <ruby>と<rt></rt></ruby>止まる 서다/멈추다 | <ruby>はし<rt></rt></ruby>箸 젓가락 | <ruby>と<rt></rt></ruby>取る 취하다/집다 | <ruby>りょこう<rt></rt></ruby>旅行 여행 | ～<ruby>中<rt>ちゅう</rt></ruby> ~중 | ～に ~에 | <ruby>しゃしん<rt></rt></ruby>写真 사진 | <ruby>と<rt></rt></ruby>撮る (사진을)찍다

✏️ 문장으로 단어를 익히고 손으로 직접 써보세요

なら 習う	やまだ 山田さんはギターを習っています。
배우다	야마다 씨는 기타를 배우고 있습니다.
習う	山田さんはギターを習っています。

なら 並ぶ	なが なら 長く並んでいる。
나열되다/줄 서다	길게 줄 서 있다.
並ぶ	長く並んでいる。

なら 並べる	いちれつ なら 一列に並べてください。
나열하다/줄 세우다	일렬로 나열해 주세요.
並べる	一列に並べてください。

ね 寝る	わたし まいにちにっき か ね 私は毎日日記を書いて寝ます。
자다	나는 매일 일기를 쓰고 잡니다.
寝る	私は毎日日記を書いて寝ます。

~さん ~씨 | ギター 기타 | 習う 배우다 | 長い 길다 | 並ぶ 나열되다/줄 서다 | 一列 일렬 | 並べる 나열하다/줄 세우다 | 私 나/저 | 毎日 매일 | 日記 일기 | 書く (글씨·글을) 쓰다 | 寝る 자다

17일차 단어 미리 보기 알고 있는 단어를 체크해 보세요

번호	단어	읽는 법	뜻	체크
1	登る	のぼる	오르다	☐
2	飲む	のむ	마시다	☐
3	乗る	のる	타다	☐
4	入る	はいる	들어가다	☐
5	始まる	はじまる	시작되다	☐
6	走る	はしる	달리다	☐
7	働く	はたらく	일하다	☐
8	話す	はなす	이야기하다	☐
9	晴れる	はれる	(날씨가)개다/맑다	☐
10	引く	ひく	당기다/끌다	☐
11	弾く	ひく	악기를 연주하다/켜다/타다/치다	☐
12	吹く	ふく	불다	☐
13	降る	ふる	(비·눈 등이) 내리다/오다	☐
14	待つ	まつ	기다리다	☐
15	見せる	みせる	보이다/보여주다	☐
16	見る	みる	보다	☐
17	呼ぶ	よぶ	부르다	☐
18	読む	よむ	읽다	☐
19	分かる	わかる	알다/이해하다	☐
20	忘れる	わすれる	잊다	☐

✏️ **문장으로 단어를 익히고 손으로 직접 써보세요**

^{のぼ} 登る	^{けんこう} 健康のために^{まいしゅうやま}毎週山に^{のぼ}登っています。
오르다	건강을 위해 매주 산에 오르고 있습니다.
登る	健康のために毎週山に登っています。

^の 飲む	コーヒーを^の飲んでいます。
마시다	커피를 마시고 있습니다.
飲む	コーヒーを飲んでいます。

^の 乗る	バスに^の乗って^{かいしゃ}会社に^い行きます。
타다	버스를 타고 회사에 갑니다.
乗る	バスに乗って会社に行きます。

^{はい} 入る	そっと^{へ や}部屋に^{はい}入った。
들어가다	몰래 방으로 들어갔다.
入る	そっと部屋に入った。

---

^{けんこう}健康 건강 | ^{まいしゅう}毎週 매주 | ^{やま}山 산 | ~に ~에 | ^{のぼ}登る 오르다 | コーヒー 커피 | ^の飲む 마시다 | バス 버스 | ^の乗る 타다 | ^{かいしゃ}会社 회사 | ^い行く 가다 | そっと 살짝/몰래 | ^{へ や}部屋 방 | ^{はい}入る 들어가다

✏️ 문장으로 단어를 익히고 손으로 직접 써보세요

はじ **始まる**	まもなく公演が始まります。
시작되다	곧 공연이 시작됩니다.
始まる	まもなく公演が始まります。

はし **走る**	遅刻しそうで駅から走りました。
달리다	지각할까 봐 역부터 달렸습니다.
走る	遅刻しそうで駅から走りました。

はたら **働く**	彼は病院で働いています。
일하다	그는 병원에서 일하고 있습니다.
働く	彼は病院で働いています。

はな **話す**	発表する時はゆっくり話してください。
이야기하다	발표할 때에는 천천히 이야기해 주세요.
話す	発表する時はゆっくり話してください。

まもなく 곧/머지않아 | 公演 공연 | 始まる 시작되다 | 遅刻 지각 | 駅 역 | ~から ~에서/~(로)부터 | 走る 달리다 | 彼 그 | 病院 병원 | ~で ~에서 | 働く 일하다 | 発表 발표 | する 하다 | ~時 ~때 | ゆっくり 천천히 | 話す 이야기하다

[N5 동사] な행~わ행 단어 쓰기 03

✎ 문장으로 단어를 익히고 손으로 직접 써보세요

は **晴れる** (날씨가)개다/맑다	ごご あめ は 午後は雨がやんで晴れるだろう。 오후에는 비가 그치고 맑을 것이다.
晴れる	午後は雨がやんで晴れるだろう。

ひ **引く** 당기다/끌다	おも にもつ ひ い 重い荷物を引いて行きます。 무거운 짐을 끌고 갑니다.
引く	重い荷物を引いて行きます。

ひ **弾く** 악기를 연주하다/켜다	すずき ひ うた うた 鈴木さんはギターを弾きながら歌を歌います。 스즈키 씨는 기타를 치면서 노래를 부릅니다.
弾く	鈴木さんはギターを弾きながら歌を歌います。

ふ **吹く** 불다	つめ かぜ ふ 冷たい風が吹いています。 찬바람이 불고 있습니다.
吹く	冷たい風が吹いています。

ごご 午後 오후 | あめ 雨 비 | やむ 그치다/멎다 | は 晴れる (날씨가)개다/맑다 | おも 重い 무겁다 | にもつ 荷物 짐 | ひ 引く 당기다/끌다 | い 行く 가다 | ~さん 씨 | ギター 기타 | ひ 弾く 악기를 연주하다/켜다/타다/치다 | うた 歌 노래 | うた 歌う (노래를)부르다 | つめ 冷たい 차다/차갑다 | かぜ 風 바람 | ふ 吹く 불다

111

✏️ 문장으로 단어를 익히고 손으로 직접 써보세요

ふ **降る**	あさ あめ ふ 朝から雨が降る。
(비·눈 등이)내리다/오다	아침부터 비가 온다.
降る	朝から雨が降る。

ま **待つ**	こうえん まえ ともだち ま 公園の前で友達を待った。
기다리다	공원 앞에서 친구를 기다렸다.
待つ	公園の前で友達を待った。

み **見せる**	けいかくしょ み 計画書を見せてください。
보이다/보여주다	계획서를 보여주세요.
見せる	計画書を見せてください。

み **見る**	か ぞくしゃしん み 家族写真を見ています。
보다	가족사진을 보고 있습니다.
見る	家族写真を見ています。

あさ
朝 아침 | ~から ~에서/(로)부터 | あめ
雨 비 | ふ
降る (눈·비 등이)내리다/오다 | こうえん
公園 공원 |
まえ
前 ~앞/전 | ~で ~에서 | ともだち
友達 친구 | ま
待つ 기다리다 | けいかくしょ
計画書 계획서 | み
見せる 보이다/
보여주다 | か ぞく
家族 가족 | しゃしん
写真 사진 | み
見る 보다

[N5 동사] な행~わ행 단어 쓰기 05

✏️ 문장으로 단어를 익히고 손으로 직접 써보세요

よ **呼ぶ** …… 부르다	^{なまえ} ^よ 名前を呼んでください。 이름을 불러주세요.
呼ぶ	名前を呼んでください。

よ **読む** …… 읽다	^{あね} ^{しょうせつ} ^よ 姉は小説を読んでいます。 언니는 소설을 읽고 있습니다.
読む	姉は小説を読んでいます。

わ **分かる** …… 알다/이해하다	^{げんいん} ^わ 原因が分からない。 원인을 알 수 없다.
分かる	原因が分からない。

わす **忘れる** …… 잊다	^{おんけい} ^{わす} 恩恵を忘れなかった。 은혜를 잊지 않았다.
忘れる	恩恵を忘れなかった。

^{な まえ} ^よ ^{あね} ^{しょうせつ} ^よ ^{げんいん} ^わ
名前 이름 | 呼ぶ 부르다 | 姉 언니/누나 | 小説 소설 | 読む 읽다 | 原因 원인 | 分かる
알다/이해하다 | ^{おんけい}恩恵 은혜 | ^{わす}忘れる 잊다

Part 3.
N5
부사·접속사·의문사

18일차 단어 미리 보기 알고 있는 단어를 체크해 보세요

번호	단어	읽는 법	뜻	체크
1	あまり	あまり	그다지/별로/남짓	☐
2	いくつ	いくつ	몇 개	☐
3	いくら	いくら	얼마	☐
4	(もう)一度	(もう)いちど	한 번 더	☐
5	一番	いちばん	가장/제일	☐
6	いつ	いつ	언제	☐
7	一緒に	いっしょに	함께	☐
8	いつも	いつも	늘/항상/언제나	☐
9	今	いま	지금	☐
10	いろいろ	いろいろ	여러 가지	☐
11	すぐ	すぐ	바로/즉시	☐
12	少し	すこし	조금	☐
13	全部	ぜんぶ	전부	☐
14	それから	それから	그리고 나서/그 다음에	☐
15	たいてい	たいてい	대개/대체로	☐
16	たいへん	たいへん	매우/몹시/대단히	☐
17	たくさん	たくさん	많이	☐
18	だいぶ	だいぶ	꽤/상당히	☐
19	たぶん	たぶん	아마	☐
20	だんだん	だんだん	점점	☐

✏️ 문장으로 단어를 익히고 손으로 직접 써보세요

あまり	^{べんきょう}勉強はあまりしたくない。
그다지/별로/남짓	공부는 별로 하고 싶지 않다.
あまり	勉強はあまりしたくない。

いくつ	^{ひゃくえん}百円でいくつですか。
몇 개	백 엔에 몇 개입니까?
いくつ	百円でいくつですか。

いくら	バナナはいくらですか。
얼마	바나나는 얼마입니까?
いくら	バナナはいくらですか。

(もう)^{いちど}一度	^{いち ど はな}もう一度話してください。
한 번 더	한 번 더 이야기해 주세요(다시 한 번 말씀해 주세요).
(もう)一度	もう一度話してください。

^{べんきょう}勉強 공부ㅣ あまり 그다지/별로/남짓ㅣ ^{ひゃくえん}百円 백 엔ㅣ いくつ 몇 개ㅣ バナナ 바나나ㅣ
いくら 얼마ㅣ (もう)^{いち ど}一度 한 번 더ㅣ ^{はな}話す 이야기하다/말하다

✏️ 문장으로 단어를 익히고 손으로 직접 써보세요

いちばん 一番	どんな果物が一番好きですか。
가장/제일	어떤 과일을 가장 좋아합니까?
一番	どんな果物が一番好きですか。

いつ	にゅうがくしき 入学式はいつですか。
언제	입학식은 언제입니까?
いつ	入学式はいつですか。

いっしょ 一緒に	ともだち いっしょ 友達と一緒にショッピングをしました。
함께	친구와 함께 쇼핑을 했습니다.
一緒に	友達と一緒にショッピングをしました。

いつも	かのじょ やさ 彼女はいつも優しいです。
늘/항상/언제나	그녀는 늘 상냥합니다.
いつも	彼女はいつも優しいです。

どんな 어떤 | 果物 과일 | 一番 가장/제일 | 好きだ 좋아하다 | 入学式 입학식 | いつ 언제 | 友達 친구 | ～と ~와/과 | 一緒に 함께 | ショッピング 쇼핑 | 彼女 그녀 | いつも 늘/항상/언제나 | 優しい 상냥하다/다정하다

✏️ 문장으로 단어를 익히고 손으로 직접 써보세요

今 いま 지금	今は時間がない。 いま じ かん 지금은 시간이 없다.
今	今は時間がない。

いろいろ 여러 가지	いろいろな方法を考えた。 ほうほう かんが 여러 가지 방법을 생각했다.
いろいろ	いろいろな方法を考えた。

すぐ 바로/즉시	すぐ連絡してください。 れんらく 바로 연락해 주세요.
すぐ	すぐ連絡してください。

少し すこ 조금	夕食は少し食べます。 ゆうしょく すこ た 저녁(밥)은 조금 먹습니다.
少し	夕食は少し食べます。

今 지금 | 時間 시간 | ない 없다 | いろいろ 여러 가지 | 方法 방법 | 考える 생각하다/고안하다 | すぐ 바로/즉시 | 連絡 연락 | 夕食 저녁밥/저녁식사 | 少し 조금 | 食べる 먹다

✏️ 문장으로 단어를 익히고 손으로 직접 써보세요

全部 ぜん ぶ 전부	全部でいくらですか。 ぜん ぶ 전부 얼마입니까?
全部	全部でいくらですか。

それから 그리고 나서/그 다음에	ご飯を食べた。それから薬を飲んだ。 はん た　　　　　くすり の 밥을 먹었다. 그리고 나서 약을 먹었다.
それから	ご飯を食べた。それから薬を飲んだ。

たいてい 대개/대체로	その時間はたいてい寝ているか本を読んでいます。 じ かん　　　　　　ね　　　　　ほん　よ 그 시간에는 대개 자고 있거나 책을 읽고 있습니다.
たいてい	その時間はたいてい寝ているか本を読んでいます。

たいへん 매우/몹시/대단히	公園はたいへんうるさかったです。 こうえん 공원은 매우 시끄러웠습니다.
たいへん	公園はたいへんうるさかったです。

全部 전부 | いくら 얼마 | ご飯 밥 | 食べる 먹다 | それから 그리고 나서/그 다음에 |
薬 약 | 飲む 마시다/(약을)먹다 | その 그 | 時間 시간 | たいてい 대개 | 寝る 자다 |
本 책 | 読む 읽다 | 公園 공원 | たいへん 매우/몹시/대단히 | うるさい 시끄럽다

✏️ 문장으로 단어를 익히고 손으로 직접 써보세요

たくさん	読書をたくさんします。
많이	독서를 많이 합니다.
たくさん	読書をたくさんします。

だいぶ	英語の成績がだいぶ上がった。
꽤/상당히	영어 성적이 꽤 올랐다.
だいぶ	英語の成績がだいぶ上がった。

たぶん	たぶんそうだろう。
아마	아마 그럴 것이다.
たぶん	たぶんそうだろう。

だんだん	だんだん暑くなっています。
점점	점점 더워지고 있습니다.
だんだん	だんだん暑くなっています。

読書 독서 | たくさん 많이 | 英語 영어 | 成績 성적 | だいぶ 꽤/상당히 | 上がる 오르다/올라가다 | たぶん 아마 | だんだん 점점 | 暑い 덥다

번호	단어	읽는 법	뜻	체크
1	ちょっと	ちょっと	잠시/잠깐/조금	☐
2	次	つぎ	다음	☐
3	でも	でも	하지만	☐
4	どう	どう	어떻게	☐
5	どうして	どうして	왜/어째서	☐
6	どうぞ	どうぞ	부디/아무쪼록	☐
7	どうも	どうも	매우/대단히	☐
8	時々	ときどき	가끔/때때로	☐
9	とても	とても	매우	☐
10	初めて	はじめて	처음으로	☐
11	本当に	ほんとうに	정말로	☐
12	また	また	또	☐
13	まだ	まだ	아직	☐
14	まっすぐ	まっすぐ	곧장/똑바로	☐
15	もう	もう	이제/이미/벌써	☐
16	もちろん	もちろん	물론	☐
17	もっと	もっと	더욱/한층	☐
18	ゆっくり	ゆっくり	천천히	☑
19	よく	よく	잘/자주	☐
20	なぜ	なぜ	왜	☐

✏️ 문장으로 단어를 익히고 손으로 직접 써보세요

ちょっと	ちょっと時間ありますか。
잠시/잠깐/조금	잠깐 시간 있으세요?
ちょっと	ちょっと時間ありますか。

次（つぎ）	次の人に伝えてください。
다음	다음 사람에게 전해 주세요.
次	次の人に伝えてください。

でも	努力した。でも、結果は思わしくなかった。
하지만/그래도	노력했다. 하지만 결과는 좋지 않았다.
でも	努力した。でも、結果は思わしくなかった。

どう	この服はどうですか。
어떻게	이 옷은 어떻습니까?
どう	この服はどうですか。

ちょっと 잠시/잠깐/조금 | 時間（じかん） 시간 | 次（つぎ） 다음 | 人（ひと） 사람 | ～に ~에게 | 伝える（つたえる） 전하다 | 努力（どりょく） 노력 | でも 하지만/그래도 | 結果（けっか） 결과 | 思わしい（おもわしい） 좋다고 생각하다 | この 이 | 服（ふく） 옷 | どう 어떻게

✏️ 문장으로 단어를 익히고 손으로 직접 써보세요

どうして	どうして分（わ）かってくれないの。
왜/어째서	왜 몰라주는 거야.
どうして	どうして分かってくれないの。

どうぞ	どうぞ、よろしくおねがいします。
부디/아무쪼록	아무쪼록 잘 부탁드립니다.
どうぞ	どうぞ、よろしくおねがいすます。

どうも	どうもありがとうございます。
매우/대단히	대단히 감사합니다.
どうも	どうもありがとうございます。

時々（ときどき）	彼（かれ）に時々（ときどき）連絡（れんらく）が来（き）ます。
가끔/때때로	그에게 가끔 연락이 옵니다.
時々	彼に時々連絡が来ます。

どうして 왜/어째서 ｜ 分（わ）かってくれない 몰라주다 ｜ どうぞ 부디/아무쪼록 ｜ よろしくおねがいします 잘 부탁드립니다 ｜ どうも 매우/대단히 ｜ ありがとうございます 감사합니다 ｜ 彼（かれ） 그 ｜ ~に ~에게 ｜ 時々（ときどき） 가끔/때때로 ｜ 連絡（れんらく） 연락 ｜ 来（く）る 오다

✎ 문장으로 단어를 익히고 손으로 직접 써보세요

とても 매우	映画はとても面白かったです。 영화는 매우 재미있었습니다.
とても	映画はとても面白かったです。

初めて 처음으로	初めて海外旅行に行きます。 처음으로 해외여행을 갑니다.
初めて	初めて海外旅行に行きます。

本当に 정말로	本当に心が痛いです。 정말로 마음이 아픕니다.
本当に	本当に心が痛いです。

また 또	では、また来ます。 그럼 또 오겠습니다.
また	では、また来ます。

映画 영화 | とても 매우 | 面白い 재미있다 | 初めて 처음으로 | 海外 해외 | 旅行 여행 | 行く 가다 | 本当に 정말로 | 心 마음 | 痛い 아프다 | では 그럼 | また 또 | 来る 오다

✎ 문장으로 단어를 익히고 손으로 직접 써보세요

まだ	まだ^{れんらく}連絡がありません。
아직	아직 연락이 없습니다.
まだ	まだ連絡がありません。

まっすぐ	まっすぐ^い行って^{うせつ}右折してください。
곧장/똑바로	곧장 가서 우회전하세요.
まっすぐ	まっすぐ行って右折してください。

もう	もう^{とうちゃく}到着しましたか。
이제/이미/벌써	벌써 도착했습니까?
もう	もう到着しましたか。

もちろん	はい、もちろんです。
물론	네. 물론입니다.
もちろん	はい、もちろんです。

まだ 아직 ┃ 連絡 연락 ┃ ありません 없습니다 ┃ まっすぐ 곧장/똑바로 ┃ 行く 가다 ┃
右折 우회전 ┃ もう 이제/이미/벌써 ┃ 到着 도착 ┃ はい 네 ┃ もちろん 물론

✎ 문장으로 단어를 익히고 손으로 직접 써보세요

もっと	もっと頑張ってください。
더욱/한층	더욱 분발해 주세요.
もっと	もっと頑張ってください。

ゆっくり	ゆっくり召し上がってください。
천천히	천천히 드세요.
ゆっくり	ゆっくり召し上がってください。

よく	よく遊びに来てください。
잘/자주	자주 놀러 오세요.
よく	よく遊びに来てください。

なぜ	なぜ病院に行きますか。
왜	왜 병원에 갑니까?
なぜ	なぜ病院に行きますか。

もっと 더욱/한층 | 頑張る 분발하다 | ゆっくり 천천히 | 召し上がる 드시다 | よく
잘/자주 | 遊ぶ 놀다 | 来る 오다 | なぜ 왜 | 病院 병원 | 行く 가다

Part 4.

N4

명사

번호	단어	읽는 법	뜻	체크
1	あいさつ	あいさつ	인사	☐
2	間	あいだ	사이/~동안	☐
3	青	あお	파랑/청색	☐
4	赤	あか	빨강/적색	☐
5	赤ん坊	あかんぼう	갓난아기	☐
6	味	あじ	맛	☐
7	暑さ	あつさ	더위	☐
8	案内	あんない	안내	☐
9	以下	いか	이하	☐
10	以外	いがい	이외	☐
11	医学	いがく	의학	☐
12	意見	いけん	의견	☐
13	石	いし	돌	☐
14	以上	いじょう	이상	☐
15	以前	いぜん	이전	☐
16	以内	いない	이내	☐
17	田舎	いなか	시골	☐
18	受付	うけつけ	접수/접수처	☐
19	嘘	うそ	거짓말	☐
20	売り場	うりば	매장	☐

✏️ **문장으로 단어를 익히고 손으로 직접 써보세요**

あいさつ	_{わら} 笑いながらあいさつした。
인사	웃으면서 인사했다.
あいさつ	笑いながらあいさつした。

間 ^{あいだ}	^{つ ゆ}梅雨の^{あいだ}間は^{せんたくもの}洗濯物がよく^{かわ}乾かない。
사이/~동안	장마 동안에는 빨래가 잘 마르지 않는다.
間	梅雨の間は洗濯物がよく乾かない。

青 ^{あお}	^{あお}青と^{あか}赤を^ま混ぜると^{むらさき}紫になります。
파랑/청색	파랑과 빨강을 섞으면 보라색이 됩니다.
青	青と赤を混ぜると紫になります。

赤 ^{あか}	^{あか}赤は^{め だ}目立つ^{いろ}色です。
빨강/적색	빨간색은 눈에 띄는 색입니다.
赤	赤は目立つ色です。

^{わら}笑う 웃다 | ~(し)ながら (하)면서 | あいさつ 인사 | ^{つゆ}梅雨 장마 | ^{あいだ}間 사이/~동안 |
^{せんたくもの}洗濯物 세탁물 | ^{かわ}乾く 마르다 | ^{あお}青 파랑/청색 | ^{あか}赤 빨강/적색 | ^ま混ぜる 넣어 섞다/혼합하다 |
^{むらさき}紫 보라색 | ~になる ~이/가 되다 | ^{あか}赤 빨강/적색 | ^{め だ}目立つ 눈에 띄다/두드러지다 | ^{いろ}色 색

✏️ 문장으로 단어를 익히고 손으로 직접 써보세요

あか ぼう **赤ん坊**	あか ぼう な 赤ん坊が泣いています。
갓난아기	갓난아기가 울고 있습니다.
赤ん坊	赤ん坊が泣いています。

あじ **味**	あじ しんせつ あのレストランは味もいいし、親切です。
맛	저 레스토랑은 맛도 좋고, 친절합니다.
味	あのレストランは味もいいし、親切です。

あつ **暑さ**	あつ つよ ほう 暑さには強い方ですか。
더위	더위에는 강한 편입니까?
暑さ	暑さには強い方ですか。

あんない **案内**	かのじょ みちあんない 彼女に道案内をしました。
안내	그녀에게 길 안내를 했습니다.
案内	彼女に道案内をしました。

あか ぼう
赤ん坊 갓난아기 | 泣く 울다 | あの 저 | レストラン 레스토랑 | 味 맛 | ~も ~도/~이
な   あじ
나 | いい 좋다 | 親切だ 친절하다 | 暑さ 더위 | 強い 강하다/세다 | 方 ~편 | 彼女 그
しんせつ   あつ   つよ   ほう   かのじょ
녀 | ~に ~에게 | 道 길 | 案内 안내
        みち   あんない

✏️ 문장으로 단어를 익히고 손으로 직접 써보세요

いか **以下** 이하	げんか いか はんばい 原価以下で販売された。
	원가 이하로 판매되었다.
以下	原価以下で販売された。

いがい **以外** 이외	しゅじゅつ いがい ほうほう 手術以外に方法がない。
	수술 이외에 방법이 없다.
以外	手術以外に方法がない。

いがく **医学** 의학	かれ いがく かん ちしき ほうふ 彼は医学に関する知識が豊富です。
	그는 의학에 관한 지식이 풍부합니다.
医学	彼は医学に関する知識が豊富です。

いけん **意見** 의견	ほか いけん 他の意見はありませんか。
	다른 의견은 없습니까?
意見	他の意見はありませんか。

げんか いか
原価 원가 | 以下 이하 | ～で ~로 | はんばい 販売 판매 | しゅじゅつ 手術 수술 | いがい 以外 이외 | ほうほう 方法 방법
| ない 없다 | かれ 彼 그 | いがく 医学 의학 | 関する 관계하다 | ちしき 知識 지식 | ほうふ 豊富だ 풍부하다 |
ほか 他 다른 것/딴 것 | いけん 意見 의견 | ありませんか 없습니까?

✏️ 문장으로 단어를 익히고 손으로 직접 써보세요

いし **石** 돌	きれいな石を発見しました。
	예쁜 돌을 발견했습니다.
石	きれいな石を発見しました。

いじょう **以上** 이상	たいしょうねんれい　はっさい　いじょう 対象年齢は8歳以上です。
	대상 연령은 8세 이상입니다.
以上	対象年齢は8歳以上です。

いぜん **以前** 이전	さんじ　いぜん　とうちゃく 3時以前に到着できますか。
	3시 이전에 도착할 수 있습니까?
以前	3時以前に到着できますか。

いない **以内** 이내	みっか　いない　お 3日以内に終わらせたいです。
	3일 이내에 끝내고 싶습니다.
以内	3日以内に終わらせたいです。

きれいだ 예쁘다/깨끗하다 | 石 돌 | 発見 발견 | 対象 대상 | 年齢 연령 | 歳 ~세/살 |
以上 이상 | 3時 3시 | 以前 이전 | ~に ~에 | 到着 도착 | できる 할 수 있다/가능하다
| 以内 이내 | 終わらせる 끝내다

✏️ 문장으로 단어를 익히고 손으로 직접 써보세요

いなか **田舎**	りょうしん いなか す 両親は田舎に住んでいます。
시골	부모님은 시골에 살고 있습니다.
田舎	両親は田舎に住んでいます。

うけつけ **受付**	しょるい うけつけ ていしゅつ 書類は受付に提出してください。
접수/접수처	서류는 접수처에 제출해 주세요.
受付	書類は受付に提出してください。

うそ **嘘**	はんにん はなし うそ 犯人の話は嘘だった。
거짓말	범인의 말은 거짓말이었다.
嘘	犯人の話は嘘だった。

う ば **売り場**	か ぐ う ば ここは家具売り場です。
매장	여기는 가구매장입니다.
売り場	ここは家具売り場です。

りょうしん 両親 부모/양친 | いなか 田舎 시골 | ~に ~에 | す 住む 살다/거처하다 | しょるい 書類 서류 | うけつけ 受付 접수/접수처 | ていしゅつ 提出 제출 | はんにん 犯人 범인 | はなし 話 말/이야기 | うそ 嘘 거짓말 | ここ 여기/이곳 | か ぐ 家具 가구 | う ば 売り場 매장

번호	단어	읽는 법	뜻	체크
1	運転	うんてん	운전	☐
2	運動	うんどう	운동	☐
3	枝	えだ	가지	☐
4	お祝い	おいわい	축하	☐
5	おかげ	おかげ	덕분/덕택	☐
6	お金持ち	おかねもち	부자	☐
7	屋上	おくじょう	옥상	☐
8	贈り物	おくりもの	선물	☐
9	押し入れ	おしいれ	벽장	☐
10	お宅	おたく	댁	☐
11	夫	おっと	(나의)남편	☐
12	おつり	おつり	거스름돈	☐
13	音	おと	소리	☐
14	踊り	おどり	춤/무용	☐
15	お願い	おねがい	소원/부탁	☐
16	お祭り	おまつり	축제	☐
17	お見舞い	おみまい	병문안	☐
18	お土産	おみやげ	기념품/토산품	☐
19	おもちゃ	おもちゃ	장난감	☐
20	お礼	おれい	답례/사례	☐

✏️ 문장으로 단어를 익히고 손으로 직접 써보세요

うんてん **運転**	た なか うんてん れんしゅう 田中さんは運転の練習をしています。
운전	다나카 씨는 운전 연습을 하고 있습니다.
運転	田中さんは運転の練習をしています。

うんどう **運動**	わたし うんどう す 私は運動するのが好きです。
운동	나는 운동하는 것을 좋아합니다.
運動	私は運動するのが好きです。

えだ **枝**	えだ あつ も 枝を集めて燃やす。
가지	가지를 모아서 태우다.
枝	枝を集めて燃やす。

いわ **お祝い**	いわ よう い お祝いのプレゼントを用意した。
축하	축하 선물을 준비했다.
お祝い	お祝いのプレゼントを用意した。

うんてん れんしゅう わたし うんどう す
~さん ~씨 | 運転 운전 | 練習 연습 | 私 나/저 | 運動 운동 | する 하다 | ~が好き
えだ あつ も いわ
だ ~을/를 좋아하다 | 枝 가지 | 集める 모으다 | 燃やす 불태우다 | お祝い 축하 | プレ
よう い
ゼント 선물 | 用意 준비/대비

✎ 문장으로 단어를 익히고 손으로 직접 써보세요

おかげ	おかげさまで元気です。
덕분/덕택	덕분에 잘 지내고 있습니다(건강합니다).
おかげ	おかげさまで元気です。

お金持ち	お金持ちになったらビルを買う。
부자	부자가 되면 빌딩을 살거야.
お金持ち	お金持ちになったらビルを買う。

屋上	あの家は屋上に庭があります。
옥상	저 집은 옥상에 정원이 있습니다.
屋上	あの家は屋上に庭があります。

贈り物	両親の贈り物を準備しました。
선물	부모님의 선물을 준비했습니다.
贈り物	両親の贈り物を準備しました。

おかげ 덕분/덕택 | 元気 건강한 모양 | お金持ち 부자 | ~になる ~이/가 되다 |
ビル 빌딩 | 買う 사다 | あの 저 | 家 집 | 屋上 옥상 | ~に ~에 | 庭 정원 | ある 있
다 | 両親 부모 | 贈り物 선물 | 準備 준비

✎ **문장으로 단어를 익히고 손으로 직접 써보세요**

押し入れ (お し い) 벽장	布団は押し入れにあります。 (ふ とん / お し い) 이불은 벽장에 있습니다.
押し入れ	布団は押し入れにあります。

お宅 (たく) 댁	山田さんのお宅を訪ねました。 (やま だ / たく / たず) 야마다 씨 댁을 방문했습니다.
お宅	山田さんのお宅を訪ねました。

夫 (おっと) (나의)남편	夫は掃除をしています。 (おっと / そう じ) 남편은 청소를 하고 있습니다.
夫	夫は掃除をしています。

おつり 거스름돈	おつりでございます。 거스름돈입니다.
おつり	おつりでございます。

布団 이불 ｜ 押し入れ 벽장 ｜ ～に ~에 ｜ あります (사물·식물·무생물)있습니다 ｜ ～さん
~씨 ｜ お宅 댁 ｜ 訪ねる 찾다/방문하다 ｜ 夫 (나의)남편 ｜ 掃除 청소 ｜ おつり 거스름돈

✏️ **문장으로 단어를 익히고 손으로 직접 써보세요**

おと **音** 소리	なみ おと き 波の音が聞こえます。 파도 소리가 들립니다.
音	波の音が聞こえます。

おど **踊り** 춤/무용	おきなわ でんとう おど なら 沖縄の伝統の踊りを習いました。 오키나와의 전통 춤을 배웠습니다.
踊り	沖縄の伝統の踊りを習いました。

ねが **お願い** 소원/부탁	ねが お願いがあります。 부탁이 있습니다.
お願い	お願いがあります。

まつ **お祭り** 축제	おおさか ゆうめい まつ 大阪には有名なお祭りがたくさんあります。 오사카에는 유명한 축제가 많이 있습니다.
お祭り	大阪には有名なお祭りがたくさんあります。

なみ 波 파도 | おと 音 소리 | き 聞こえる 들리다 | おきなわ 沖縄 오키나와 | でんとう 伝統 전통 | おど 踊り 춤/무용
| なら 習う 배우다 | ねが お願い 소원/부탁 | おおさか 大阪 오사카 | ゆうめい 有名だ 유명하다 | まつ お祭り 축제 |

たくさん 많음

✏️ 문장으로 단어를 익히고 손으로 직접 써보세요

お見舞い (みまい)	友達のお見舞いに行ってきた。
병문안	친구의 병문안을 다녀왔다.
お見舞い	友達のお見舞いに行ってきた。

お土産 (みやげ)	博物館でお土産を販売します。
기념품/토산품	박물관에서 기념품을 판매합니다.
お土産	博物館でお土産を販売します。

おもちゃ	息子のためにおもちゃを購入しました。
장난감	아들을 위해 장난감을 구입했습니다.
おもちゃ	息子のためにおもちゃを購入しました。

お礼 (れい)	ぜひお礼がしたいです。
답례/사례	꼭 사례하고 싶습니다.
お礼	ぜひお礼がしたいです。

友達(ともだち) 친구 | お見舞い(みまい) 병문안 | 行ってくる(い) 다녀오다 | 博物館(はくぶつかん) 박물관 | ～で ~에서 |
お土産(みやげ) 기념품/토산품 | 販売(はんばい) 판매 | 息子(むすこ) 아들 | おもちゃ 장난감 | 購入(こうにゅう) 구입 | ぜひ
꼭 | お礼(れい) 답례/사례 | ～(し)たい ~(하)고 싶다

번호	단어	읽는 법	뜻	체크
1	会議	かいぎ	회의	☐
2	会場	かいじょう	회장	☐
3	会話	かいわ	회화/대화	☐
4	科学	かがく	과학	☐
5	鏡	かがみ	거울	☐
6	火事	かじ	화재	☐
7	形	かたち	모양/형태	☐
8	家庭	かてい	가정	☐
9	家内	かない	아내	☐
10	壁	かべ	벽	☐
11	関係	かんけい	관계	☐
12	看護師	かんごし	간호사	☐
13	機械	きかい	기계	☐
14	機会	きかい	기회	☐
15	技術	ぎじゅつ	기술	☐
16	季節	きせつ	계절	☐
17	規則	きそく	규칙	☐
18	気分	きぶん	기분	☐
19	急行	きゅうこう	급행	☐
20	教育	きょういく	교육	☐

440/860

✎ 문장으로 단어를 익히고 손으로 직접 써보세요

かいぎ **会議** 회의	じゅうじ かいぎ はじ 10時から会議が始まります。 10시부터 회의가 시작됩니다.
会議	10時から会議が始まります。

かいじょう **会場** 회장	かいじょう しず ふんいき 会場は静かな雰囲気だった。 회장은 조용한 분위기였다.
会場	会場は静かな雰囲気だった。

かいわ **会話** 회화/대화	ちゅうごくご かいわ かのう 中国語での会話が可能です。 중국어로 회화(대화)가 가능합니다.
会話	中国語での会話が可能です。

かがく **科学** 과학	かがくぎじゅつ はや はってん 科学技術は速いスピードで発展している。 과학기술은 빠른 속도로 발전하고 있다.
科学	科学技術は速いスピードで発展している。

~時 ~시 | ~から ~에서/~(로)부터 | 会議 회의 | 始まる 시작되다 | 会場 회장 | 静か
だ 조용하다 | 雰囲気 분위기 | 中国語 중국어 | ~で ~로 | 会話 회화/대화 | 可能だ 가
능하다 | 科学 과학 | 技術 기술 | 速い 빠르다 | スピード 스피드/속력/속도 | 発展 발전

143

[N4 명사] か행 단어 쓰기 02

✎ 문장으로 단어를 익히고 손으로 직접 써보세요

かがみ **鏡**	かがみ み けしょう 鏡を見ながら化粧をします。
거울	거울을 보면서 화장을 합니다.
鏡	鏡を見ながら化粧をします。

か じ **火事**	か がくこうじょう か じ お 化学工場で火事が起こった。
화재	화학공장에서 화재가 일어났다.
火事	化学工場で火事が起こった。

かたち **形**	まんげつ かたち 満月の形をしている。
모양/형태	보름달 모양을 하고 있다.
形	満月の形をしている。

か てい **家庭**	かれ ゆうふく か てい う 彼は裕福な家庭に生まれた。
가정	그는 유복한 가정에서 태어났다.
家庭	彼は裕福な家庭に生まれた。

かがみ み
鏡 거울 | 見る 보다 | ~ながら ~면서 | 化粧 화장 | する 하다 | 化学 화학 | 工場
けしょう か がく こうじょう
공장 | ~で ~에서 | 火事 화재 | 起こる 일어나다/발생하다 | 満月 보름달 | 形 모양/형태
か じ お まんげつ かたち
| 彼 그 | 裕福だ 유복하다 | 家庭 가정 | 生まれる 태어나다
かれ ゆうふく か てい う

✎ 문장으로 단어를 익히고 손으로 직접 써보세요

かない **家内** 아내	家内はコーヒーが好きです。
	아내는 커피를 좋아합니다.
家内	家内はコーヒーが好きです。

かべ **壁** 벽	子供が壁に落書きをしました。
	아이가 벽에 낙서를 했습니다.
壁	子供が壁に落書きをしました。

かんけい **関係** 관계	その事件とは関係がない。
	그 사건과는 관계가 없다.
関係	その事件とは関係がない。

かんごし **看護師** 간호사	私の妹は看護師です。
	제 여동생은 간호사입니다.
看護師	私の妹は看護師です。

家内 아내 | コーヒー 커피 | ~が好きだ ~을/를 좋아하다 | 子供 아이 | 壁 벽 | ~に ~에 | 落書き 낙서 | その 그 | 事件 사건 | ~と ~와/과 | 関係 관계 | ない 없다 | 私 나/저 | ~の ~의 | 妹 (나의)여동생 | 看護師 간호사

✎ 문장으로 단어를 익히고 손으로 직접 써보세요

きかい **機械**	きかい こしょう さぎょう ちゅうし 機械の故障で作業が中止された。
기계	기계 고장으로 작업이 중지되었다.
機械	機械の故障で作業が中止された。

きかい **機会**	きかい いちど 機会は一度きりだ。
기회	기회는 한 번 뿐이다.
機会	機会は一度きりだ。

ぎじゅつ **技術**	あたら ぎじゅつ かいはつ 新しい技術が開発された。
기술	새로운 기술이 개발되었다.
技術	新しい技術が開発された。

きせつ **季節**	さむ きせつ き 寒い季節が来ました。
계절	추운 계절이 왔습니다.
季節	寒い季節が来ました。

きかい こしょう さぎょう ちゅうし きかい いちど
機械 기계 | 故障 고장 | ~で ~으로 | 作業 작업 | 中止 중지 | 機会 기회 | 一度 한
あたら ぎじゅつ かいはつ さむ きせつ
번 | きり 뿐/만/밖에 | 新しい 새롭다 | 技術 기술 | 開発 개발 | 寒い 춥다 | 季節 계
く
절 | 来る 오다

✏️ 문장으로 단어를 익히고 손으로 직접 써보세요

きそく **規則** 규칙	がっこう きそく まも 学校では規則を守らなければならない。 학교에서는 규칙을 지켜야한다.
規則	学校では規則を守らなければならない。

き ぶん **気分** 기분	えんそく い き ぶん 遠足に行く気分ではない。 소풍 갈 기분이 아니다.
気分	遠足に行く気分ではない。

きゅうこう **急行** 급행	きゅうこうれっしゃ の こきょう い 急行列車に乗って故郷へ行きます。 급행열차를 타고 고향에 갑니다.
急行	急行列車に乗って故郷へ行きます。

きょういく **教育** 교육	に ほん しょうがっこう どうとくきょういく 日本では小学校で道徳教育をしています。 일본에서는 초등학교에서 도덕교육을 하고 있습니다.
教育	日本では小学校で道徳教育をしています。

がっこう   きそく   まも
学校 학교 | 規則 규칙 | 守る 지키다 | ~なければならない ~지 않으면 안 된다 |
えんそく   い   き ぶん   きゅうこう   れっしゃ   の   こきょう
遠足 소풍 | 行く 가다 | 気分 기분 | 急行 급행 | 列車 열차 | 乗る 타다 | 故郷 고향
に ほん   しょうがっこう   どうとく   きょういく
| 日本 일본 | ~では 에서는 | 小学校 초등학교 | ~で ~에서 | 道徳 도덕 | 教育 교육

번호	단어	읽는 법	뜻	체크
1	競争	きょうそう	경쟁	☐
2	興味	きょうみ	흥미	☐
3	空気	くうき	공기	☐
4	空港	くうこう	공항	☐
5	計画	けいかく	계획	☐
6	経験	けいけん	경험	☐
7	経済	けいざい	경제	☐
8	警察	けいさつ	경찰	☐
9	景色	けしき	경치	☐
10	原因	げんいん	원인	☐
11	けんか	けんか	싸움	☐
12	研究室	けんきゅうしつ	연구실	☐
13	見物	けんぶつ	구경	☐
14	郊外	こうがい	교외	☐
15	講義	こうぎ	강의	☐
16	高校	こうこう	고등학교	☐
17	工場	こうじょう	공장	☐
18	交通	こうつう	교통	☐
19	講堂	こうどう	강당	☐
20	国際	こくさい	국제	☐

✏️ 문장으로 단어를 익히고 손으로 직접 써보세요

きょうそう **競争** 경쟁	かれ わたし きょうそうあい て 彼は私の競争相手です。 그는 나의 경쟁 상대입니다.
競争	彼は私の競争相手です。

きょう み **興味** 흥미	きょう み ミュージカルに興味があります。 뮤지컬에 흥미가 있습니다.
興味	ミュージカルに興味があります。

くう き **空気** 공기	くう き せいじょう き こうにゅう 空気清浄機を購入しました。 공기청정기를 구입했습니다.
空気	空気清浄機を購入しました。

くうこう **空港** 공항	の くうこう い バスに乗って空港まで行きます。 버스를 타고 공항까지 갑니다.
空港	バスに乗って空港まで行きます。

かれ 彼 그 | わたし 私 나/저 | きょうそう 競争 경쟁 | あい て 相手 상대 | ミュージカル 뮤지컬 | ~に ~에 |
きょう み 興味 흥미 | ある 있다 | くう き せいじょう き 空気清浄機 공기청정기 | こうにゅう 購入 구입 | バス 버스 | の 乗る 타다
| くうこう 空港 공항 | ~まで ~까지 | い 行く 가다

149

✎ 문장으로 단어를 익히고 손으로 직접 써보세요

けいかく **計画** 계획	しんねん 新年になると一年の計画を立てる。 새해가 되면 한 해 계획을 세운다.
計画	新年になると一年の計画を立てる。

けいけん **経験** 경험	じんせい もっと にが けいけん 人生で最も苦い経験をしました。 인생에서 가장 쓴 경험을 했습니다.
経験	人生で最も苦い経験をしました。

けいざい **経済** 경제	けいざい はってん どりょく 経済発展のため努力しています。 경제발전을 위해 노력하고 있습니다.
経済	経済発展のため努力しています。

けいさつ **警察** 경찰	はんにん けいさつ けんきょ 犯人は警察に検挙された。 범인은 경찰에게 거거되었다.
警察	犯人は警察に検挙された。

しんねん
新年 신년/새해 | ~になる ~이/가 되다 | 一年 일 년/한 해 | 計画 계획 | 立てる 세우다
| 人生 인생 | ~で ~에서 | 最も 가장 | 苦い 쓰다 | 経験 경험 | 経済 경제 | 発展 발전 | 努力 노력 | 犯人 범인 | 警察 경찰 | ~に ~에게 | 検挙 거거

✏️ **문장으로 단어를 익히고 손으로 직접 써보세요**

けしき **景色**	うつく けしき み 美しい景色を見ました。
경치	아름다운 경치를 보았습니다.
景色	美しい景色を見ました。

げんいん **原因**	じ こ げんいん わ 事故の原因は分からなかった。
원인	사고 원인은 알 수 없었다.
原因	事故の原因は分からなかった。

けんか	ともだち せんせい 友達とけんかして、先生にしかられました。
싸움	친구와 싸워서 선생님께 혼났습니다.
けんか	友達とけんかして、先生にしかられました。

けんきゅうしつ **研究室**	けんきゅうしつ 研究室はこちらです。
연구실	연구실은 이쪽입니다.
研究室	研究室はこちらです。

うつく けしき み じこ げんいん わ
美しい 아름답다 | 景色 경치 | 見る 보다 | 事故 사고 | 原因 원인 | 分かる 알다 |
ともだち せんせい けんきゅうしつ
友達 친구 | けんか 싸움 | 先生 선생님 | しかる 꾸짖다/야단치다 | 研究室 연구실 |
こちら 이쪽

✏️ 문장으로 단어를 익히고 손으로 직접 써보세요

けんぶつ **見物** 구경	じかん ゆうめい けんぶつ かえ 時間がないので有名なところだけ見物して帰ります。
	시간이 없어서 유명한 곳만 구경하고 가겠습니다.
見物	時間がないので有名なところだけ見物して帰ります。

こうがい **郊外** 교외	きょう こうがい い 今日は郊外にドライブに行きます。
	오늘은 교외로 드라이브 갑니다.
郊外	今日は郊外にドライブに行きます。

こうぎ **講義** 강의	あした ごご こうぎ 明日は午後に講義があります。
	내일은 오후에 강의가 있습니다.
講義	明日は午後に講義があります。

こうこう **高校** 고등학교	らいしゅう こうこう ぶんかさいじゅんび きかん 来週は高校の文化祭準備期間です。
	다음 주는 고등학교 문화제(축제) 준비기간입니다.
高校	来週は高校の文化祭準備期間です。

じかん
時間 시간 | **ない** 없다 | **有名だ** 유명하다 | **ところ** 곳/장소 | **見物** 구경 | **帰る** 돌아
ゆうめい けんぶつ かえ

가다/돌아오다 | **今日** 오늘 | **郊外** 교외 | **ドライブ** 드라이브 | **午後** 오후 | **講義** 강의
きょう こうがい ごご こうぎ

らいしゅう こうこう ぶんかさい じゅんび きかん
来週 다음 주 | **高校** 고등학교 | **文化祭** 문화제(축제) | **準備** 준비 | **期間** 기간

✎ **문장으로 단어를 익히고 손으로 직접 써보세요**

こうじょう **工場**	かがくこうじょう かじ お 化学工場で火事が起こった。
공장	화학공장에서 화재가 일어났다.
工場	化学工場で火事が起こった。

こうつう **交通**	こうつう べんり 交通が便利です。
교통	교통이 편리합니다.
交通	交通が便利です。

こうどう **講堂**	こうどう あつ 講堂に集まってください。
강당	강당으로 모여주세요.
講堂	講堂に集まってください。

こくさい **国際**	こくさいくうこう 国際空港はどこですか。
국제	국제공항은 어디입니까?
国際	国際空港はどこですか。

かがく 化学 화학 | こうじょう 工場 공장 | かじ 火事 화재 | お 起こる 일어나다/발생하다 | こうつう 交通 교통 | べんり 便利 편리 | こうどう 講堂 강당 | あつ 集まる 모이다 | こくさい 国際 국제 | くうこう 空港 공항 | どこ 어디

24일차 단어 미리 보기 _{알고 있는 단어를 체크해 보세요}

번호	단어	읽는 법	뜻	체크
1	最近	さいきん	최근/요즘	☐
2	最後	さいご	최후/끝/마지막	☐
3	最初	さいしょ	최초/맨 처음	☐
4	財布	さいふ	지갑	☐
5	試合	しあい	경기/시합	☐
6	試験	しけん	시험	☐
7	事故	じこ	사고	☐
8	地震	じしん	지진	☐
9	時代	じだい	시대	☐
10	失敗	しっぱい	실패	☐
11	品物	しなもの	물건/상품	☐
12	市民	しみん	시민	☐
13	社会	しゃかい	사회	☐
14	社長	しゃちょう	사장	☐
15	習慣	しゅうかん	습관	☐
16	住所	じゅうしょ	주소	☐
17	出席	しゅっせき	출석	☐
18	出発	しゅっぱつ	출발	☐
19	趣味	しゅみ	취미	☐
20	準備	じゅんび	준비	☐

✏️ 문장으로 단어를 익히고 손으로 직접 써보세요

さいきん **最近** ─────── 최근/요즘	さいきん どくしょ **最近**は**読書**をたくさんします。 최근에는 독서를 많이 합니다.
最近	最近は読書をたくさんします。

さい ご **最後** ─────── 최후/끝/마지막	さい ご さいぜん つ **最後**まで**最善**を**尽**くしてください。 마지막까지 최선을 다해주세요.
最後	最後まで最善を尽くしてください。

さいしょ **最初** ─────── 최초/맨 처음	さいしょ もくげきしゃ だれ **最初**の**目撃者**は**誰**ですか。 최초 목격자는 누구입니까?
最初	最初の目撃者は誰ですか。

さい ふ **財布** ─────── 지갑	さい ふ かね **財布**に**お金**がありません。 지갑에 돈이 없습니다.
財布	財布にお金がありません。

さいきん 　　　　　どくしょ
最近 최근 | **読書** 독서 | **たくさん** 많음 | **する** 하다 | **最後** 최후/끝/마지막 | **~まで**
　　　　　　　さいぜん　　　　　つ　　　　　　　　　　さいしょ　　　　　　　　　もくげきしゃ　　　　　だれ
~까지 | **最善** 최선 | **尽くす** 다하다 | **最初** 최초/맨 처음 | **目撃者** 목격자 | **誰** 누구 |
さい ふ　　　　　　かね
財布 지갑 | **お金** 돈

✎ **문장으로 단어를 익히고 손으로 직접 써보세요**

し あい **試合** 경기/시합	きょう し あい 今日はサッカーの試合があります。 오늘은 축구 시합이 있습니다.
試合	今日はサッカーの試合があります。

し けん **試験** 시험	げつよう び えい ご し けん 月曜日は英語の試験があります。 월요일은 영어 시험이 있습니다.
試験	月曜日は英語の試験があります。

じ こ **事故** 사고	こうつう じ こ はっせい ここは交通事故がよく発生します。 여기는 교통사고가 자주 발생합니다.
事故	ここは交通事故がよく発生します。

じ しん **地震** 지진	むら じ しん ひ がい しんこく この村は地震被害が深刻です。 이 마을은 지진피해가 심각합니다.
地震	この村は地震被害が深刻です。

きょう
今日 오늘 | サッカー 축구 | し あい
試合 경기/시합 | ある 있다 | げつよう び
月曜日 월요일 | えい ご
英語 영어
| し けん
試験 시험 | ここ 여기 | こうつう
交通 교통 | じ こ
事故 사고 | よく 잘/자주 | はっせい
発生 발생 | この
이 | むら
村 마을 | じ しん
地震 지진 | ひ がい
被害 피해 | しんこく
深刻 심각

[N4 명사] さ행 단어 쓰기 03

✏️ 문장으로 단어를 익히고 손으로 직접 써보세요

じだい **時代**	今はスマート時代だ。
시대	지금은 스마트 시대이다.
時代	今はスマート時代だ。

しっぱい **失敗**	私は失敗を恐れない。
실패	나는 실패를 두려워하지 않는다.
失敗	私は失敗を恐れない。

しなもの **品物**	必要な品物を買いに行きます。
물건/상품	필요한 물건을 사러 갑니다.
品物	必要な品物を買いに行きます。

しみん **市民**	市民の考えに耳を傾けてくれる。
시민	시민의 생각에 귀를 기울여준다.
市民	市民の考えに耳を傾けてくれる。

今 지금 | スマート 스마트 | 時代 시대 | 私 나/저 | 失敗 실패 | 恐れる 두려워하다 | 必要だ 필요하다 | 品物 물건/상품 | 買う 사다 | 行く 가다 | 市民 시민 | 考え 생각 | ~に ~에 | 耳 귀 | 傾ける 기울이다

157

✏️ 문장으로 단어를 익히고 손으로 직접 써보세요

しゃかい **社会** 사회	国会では深刻な社会問題を扱っている。
	국회에서는 심각한 사회문제를 다루고 있다.
社会	国会では深刻な社会問題を扱っている。

しゃちょう **社長** 사장	彼は中小企業の社長です。
	그는 중소기업의 사장입니다.
社長	彼は中小企業の社長です。

しゅうかん **習慣** 습관	弟は早起きの習慣があります。
	남동생은 일찍 일어나는 습관이 있습니다.
習慣	弟は早起きの習慣があります。

じゅうしょ **住所** 주소	お名前と住所を書いてください。
	이름과 주소를 써 주세요.
住所	お名前と住所を書いてください。

こっかい 国会 국회 | ~では ~에서는 | しんこく 深刻だ 심각하다 | しゃかい 社会 사회 | もんだい 問題 문제 | あつか 扱う 다루다 | かれ 彼 그 | ちゅうしょう 中小 중소 | きぎょう 企業 기업 | しゃちょう 社長 사장 | おとうと 弟 남동생 | はやお 早起き 일찍 일어남 | しゅうかん 習慣 습관 | ある 있다 | なまえ 名前 이름 | じゅうしょ 住所 주소 | か 書く (글씨·글을)쓰다

✎ **문장으로 단어를 익히고 손으로 직접 써보세요**

しゅっせき **出席** 출석	しゅっせき 出席チェックをします。
	출석체크를 하겠습니다.
出席	出席チェックをします。

しゅっぱつ **出発** 출발	ご ぜんはち じ　　しゅっぱつ 午前8時に出発します。
	오전 8시에 출발합니다.
出発	午前8時に出発します。

しゅ み **趣味** 취미	わたし しゅ み　　おんがくかんしょう 私の趣味は音楽鑑賞です。
	나의 취미는 음악 감상입니다.
趣味	私の趣味は音楽鑑賞です。

じゅん び **準備** 준비	はい まえ じゅん び うんどう プールに入る前に準備運動をします。
	수영장에 들어가기 전에 준비운동을 합니다.
準備	プールに入る前に準備運動をします。

しゅっせき
出席 출석 | **チェック** 체크 | **する** 하다 | ご ぜん
午前 오전 | **~時** ~시 | **~に** ~에 | しゅっぱつ
出発 출발 | わたし
私 나/저 | しゅ み
趣味 취미 | おんがく
音楽 음악 | かんしょう
鑑賞 감상 | **~です** ~ㅂ니다 | **プール** 풀/수영장 | はい
入る 들어오다/들어가다 | まえ
~前 ~전/~앞 | じゅん び
準備 준비 | うんどう
運動 운동

25일차 단어 미리 보기 알고 있는 단어를 체크해 보세요

번호	단어	읽는 법	뜻	체크
1	紹介	しょうかい	소개	☐
2	小説	しょうせつ	소설	☐
3	招待	しょうたい	초대	☐
4	食事	しょくじ	식사	☐
5	女性	じょせい	여성	☐
6	人口	じんこう	인구	☐
7	神社	じんじゃ	신사	☐
8	水泳	すいえい	수영	☐
9	数学	すうがく	수학	☐
10	砂	すな	모래	☐
11	生活	せいかつ	생활	☐
12	政治	せいじ	정치	☐
13	西洋	せいよう	서양	☐
14	席	せき	자리	☐
15	説明	せつめい	설명	☐
16	先輩	せんぱい	선배	☐
17	専門	せんもん	전문	☐
18	相談	そうだん	상담	☐
19	卒業	そつぎょう	졸업	☐
20	尊敬	そんけい	존경	☐

✎ **문장으로 단어를 익히고 손으로 직접 써보세요**

しょうかい **紹介** 소개	た なか しょうかい 田中さんをご紹介します。 다나카 씨를 소개합니다.
紹介	田中さんをご紹介します。

しょうせつ **小説** 소설	あね すいり しょうせつ す 姉は推理小説が好きです。 언니는 추리소설을 좋아합니다.
小説	姉は推理小説が好きです。

しょうたい **招待** 초대	しょうたい パーティーに招待された。 파티에 초대받았다.
招待	パーティーに招待された。

しょくじ **食事** 식사	しょくじ まえ くだもの た 食事の前に果物を食べました。 식사 전에 과일을 먹었습니다.
食事	食事の前に果物を食べました。

~さん ~씨 | しょうかい
紹介 소개 | する 하다 | あね
姉 (나의)언니/누나 | すいり
推理 추리 | しょうせつ
小説 소설 |
す
~が好きだ ~을/를 좋아하다 | パーティー 파티 | ~に ~에 | しょうたい
招待 초대 | しょくじ
食事 식사 |
まえ
~前 ~전/~앞 | くだもの
果物 과일 | た
食べる 먹다

[N4 명사] さ행 단어 쓰기 02

✏️ 문장으로 단어를 익히고 손으로 직접 써보세요

じょせい **女性** 여성	じょせい けんり 女性にも権利があります。 여성에게도 권리가 있습니다.
女性	女性にも権利があります。

じんこう **人口** 인구	じんこう げんしょう 人口が減少しています。 인구가 감소하고 있습니다.
人口	人口が減少しています。

じんじゃ **神社** 신사	しんねん じんじゃ まい い 新年になったら神社にお参りに行きます。 새해가 되면 신사에 참배하러 갑니다.
神社	新年になったら神社にお参りに行きます。

すいえい **水泳** 수영	やまだ すいえいせんしゅ 山田さんは水泳選手です。 야마다 씨는 수영선수입니다.
水泳	山田さんは水泳選手です。

じょせい
女性 여성 | けんり
権利 권리 | ある 있다 | じんこう
人口 인구 | げんしょう
減少 감소 | しんねん
新年 새해/신년 | ~に
なる ~이/가 되다 | じんじゃ
神社 신사 | ~に ~에 | まい
お参り 참배함 | い
行く 가다 | ~さん ~씨 |
すいえい
水泳 수영 | せんしゅ
選手 선수 | ~です ~ㅂ니다

162

✎ 문장으로 단어를 익히고 손으로 직접 써보세요

すうがく **数学**	すうがく せいせき こうじょう 数学の成績が向上した。
수학	수학 성적이 향상되었다.
数学	数学の成績が向上した。

すな **砂**	つよ かぜ すな と 強い風で砂が飛ばされる。
모래	강한 바람으로 모래가 날린다.
砂	強い風で砂が飛ばされる。

せいかつ **生活**	と かい せいかつ 都会で生活したいです。
생활	도시에서 생활하고 싶습니다.
生活	都会で生活したいです。

せい じ **政治**	わかもの せい じ かんしん も 若者は政治に関心を持つべきだ。
정치	젊은이는 정치에 관심을 가져야 한다.
政治	若者は政治に関心を持つべきだ。

すうがく 数学 수학 | せいせき 成績 성적 | こうじょう 向上 향상 | つよ 強い 강하다/세다 | かぜ 風 바람 | ~で ~(으)로 |
すな 砂 모래 | と 飛ばす 날리다/날려 버리다 | と かい 都会 도시 | ~で ~에서 | せいかつ 生活 생활 | ~(し)た
い ~(하)고 싶다 | わかもの 若者 젊은이/청년 | せい じ 政治 정치 | ~に ~에 | かんしん 関心 관심 | も 持つ 가지다

✎ 문장으로 단어를 익히고 손으로 직접 써보세요

せいよう **西洋**	このレストランは西洋料理が有名です。
서양	이 레스토랑은 서양요리가 유명합니다.
西洋	このレストランは西洋料理が有名です。

せき **席**	私の席はどこですか。
자리	제 자리는 어디입니까?
席	私の席はどこですか。

せつめい **説明**	今の状況を説明してください。
설명	지금 상황을 설명해 주세요.
説明	今の状況を説明してください。

せんぱい **先輩**	偶然、大学の先輩に会った。
선배	우연히 대학 선배를 만났다.
先輩	偶然、大学の先輩に会った。

レストラン 레스토랑 | 西洋 서양 | 料理 요리 | 有名だ 유명하다 | 私 나/저 | 席 자리
| どこ 어디 | 今 지금 | 状況 상황 | 説明 설명 | 偶然 우연히 | 大学 대학 | 先輩 선배
| ~に会う ~을/를 만나다

[N4 명사] さ행 단어 쓰기 05

✏️ 문장으로 단어를 익히고 손으로 직접 써보세요

せんもん**専門** 전문	ぶん や せんもん ち しき ひつよう この分野には専門知識が必要です。
	이 분야에는 전문지식이 필요합니다.
専門	この分野には専門知識が必要です。

そうだん**相談** 상담	しん ろ そうだん あしたは進路相談があります。
	내일은 진로 상담이 있습니다.
相談	あしたは進路相談があります。

そつぎょう**卒業** 졸업	に ほん そつぎょうりょこう い 日本へ卒業旅行に行きます。
	일본으로 졸업여행을 갑니다.
卒業	日本へ卒業旅行に行きます。

そんけい**尊敬** 존경	せんせい そんけい 先生を尊敬します。
	선생님을 존경합니다.
尊敬	先生を尊敬します。

この 이 | ぶん や**分野** 분야 | せんもん**専門** 전문 | ち しき**知識** 지식 | ひつよう**必要だ** 필요하다 | **あした** 내일 |
しん ろ**進路** 진로 | そうだん**相談** 상담 | **あります** 있습니다 | に ほん**日本** 일본 | **~へ** ~(으)로 | そつぎょう**卒業** 졸업 |
りょこう**旅行** 여행 | **行く** 가다 | せんせい**先生** 선생님 | そんけい**尊敬** 존경 | **する** 하다

번호	단어	읽는 법	뜻	체크
1	退院	たいいん	퇴원	☐
2	台風	たいふう	태풍	☐
3	楽しみ	たのしみ	즐거움/재미/기대/낙	☐
4	男性	だんせい	남성	☐
5	暖房	だんぼう	난방	☐
6	血	ち	피	☐
7	力	ちから	힘	☐
8	注意	ちゅうい	주의	☐
9	注射	ちゅうしゃ	주사	☐
10	駐車場	ちゅうしゃじょう	주차장	☐
11	地理	ちり	지리	☐
12	都合	つごう	사정/형편	☐
13	つもり	つもり	생각/작정	☐
14	手袋	てぶくろ	장갑	☐
15	店員	てんいん	점원	☐
16	天気予報	てんきよほう	일기예보	☐
17	道具	どうぐ	도구	☐
18	動物園	どうぶつえん	동물원	☐
19	途中	とちゅう	도중	☐
20	泥棒	どろぼう	도둑	☐

520/860

✏️ **문장으로 단어를 익히고 손으로 직접 써보세요**

たいいん **退院**	みっか　ご　　　たいいん 3日後に退院します。
퇴원	3일 후에 퇴원합니다.
退院	3日後に退院します。

たいふう **台風**	たいふう　のうさくぶつ　ひ がい　しんこく 台風で農作物の被害が深刻です。
태풍	태풍으로 농작물 피해가 심각합니다.
台風	台風で農作物の被害が深刻です。

たの **楽しみ**	わたし　ゆいいつ　　たの 私の唯一の楽しみはドライブだ。
즐거움/재미/기대/낙	나의 유일한 낙은 드라이브다.
楽しみ	私の唯一の楽しみはドライブだ。

だんせい **男性**	だんせい　　くつ う　　ば 男性の靴売り場はどこですか。
남성	남성 구두 매장은 어디입니까?
男性	男性の靴売り場はどこですか。

みっか　　　　　　ご　　　　　　　　　　　　　　　　　　たいいん　　　　　　　たいふう　　　　　　　　　　　　　　　　　　のうさくぶつ
3日 3일 | 後 ~후 | ~に ~에 | 退院 퇴원 | 台風 태풍 | ~で ~(으)로 | 農作物 농작물
ひ がい　　　　　　しんこく　　　　　　ゆいいつ　　　　　　たの　　　　　　　　　　　　　　　　　　　　　　　　　　　　　　　　　　　　　　
| 被害 피해 | 深刻 심각 | 唯一 유일 | 楽しみ 즐거움/재미/기대/낙 | ドライブ 드라이
だんせい　　　　　　くつ　　　　　　う　　ば　　　　　　　　　　　　　　　　　　
브 | 男性 남성 | 靴 구두/신발 | 売り場 매장 | どこ 어디

✎ 문장으로 단어를 익히고 손으로 직접 써보세요

だんぼう **暖房** 난방	この寒さには暖房器具が必要です。
	이 추위에는 난방기구가 필요합니다.
暖房	この寒さには暖房器具が必要です。

ち **血** 피	血を流しています。
	피를 흘리고 있습니다.
血	血を流しています。

ちから **力** 힘	彼は力が強い。
	그는 힘이 세다.
力	彼は力が強い。

ちゅうい **注意** 주의	注意事項を必ず確認してください。
	주의사항을 반드시 확인하세요.
注意	注意事項を必ず確認してください。

さむ
寒さ 추위 | ~には ~에는 | だんぼう 暖房 난방 | き ぐ 器具 기구 | ひつよう 必要 필요 | ち 血 피 | なが 流す 흘리다 |
かれ 彼 그 | ちから 力 힘 | つよ 強い 세다/강하다 | ちゅうい 注意 주의 | じ こう 事項 사항 | かなら 必ず 반드시/꼭 | かくにん 確認 확인

✏️ 문장으로 단어를 익히고 손으로 직접 써보세요

ちゅうしゃ **注射**	わたし　　　　ちゅうしゃ　こわ 私はまだ注射が怖いです。
주사	저는 아직 주사가 무섭습니다.
注射	私はまだ注射が怖いです。

ちゅうしゃじょう **駐車場**	む りょうちゅうしゃじょう 無料駐車場はどこですか。
주차장	무료주차장은 어디입니까?
駐車場	無料駐車場はどこですか。

ち り **地理**	へん　　ち り　　　し この辺の地理をよく知っています。
지리	이 근방의 지리를 잘 알고 있습니다.
地理	この辺の地理をよく知っています。

つ ごう **都合**	つ ごう　　　　　さん か 都合がつかず参加できません。
사정/형편	사정이 여의치 않아 참가할 수 없습니다.
都合	都合がつかず参加できません。

まだ 아직 | 注射 주사 | 怖い 무섭다 | ~です ~ㅂ니다 | 無料 무료 | 駐車場 주차장
| どこ 어디 | この 이 | 辺 근처/근방/부근 | 地理 지리 | よく 잘/자주 | 知る 알다 |
都合がつく 형편이 닿다 | 参加 참가 | ~できる ~할 수 있다/가능하다

[N4 명사] た행 단어 쓰기 04

✎ 문장으로 단어를 익히고 손으로 직접 써보세요

つもり 생각/작정	アクション映画を見るつもりです。
	액션 영화를 볼 생각입니다.
つもり	アクション映画を見るつもりです。

手袋 장갑	手袋を紛失しました。
	장갑을 분실했습니다.
手袋	手袋を紛失しました。

店員 점원	この店の店員は親切です。
	이 가게의 점원은 친절합니다.
店員	この店の店員は親切です。

天気予報 일기예보	天気予報を確認してください。
	일기예보를 확인해 주세요.
天気予報	天気予報を確認してください。

アクション 액션 | 映画 영화 | 見る 보다 | つもり 생각/작정 | ~です ~ㅂ니다 |
手袋 장갑 | 紛失 분실 | この 이 | 店 가게/상점 | 店員 점원 | 親切 친절 | 天気予報
일기예보 | 確認 확인

✏️ 문장으로 단어를 익히고 손으로 직접 써보세요

どうぐ **道具**	どうぐ つか べんり 道具を使うと便利です。
도구	도구를 사용하면 편리합니다.
道具	道具を使うと便利です。

どうぶつえん **動物園**	こ ども どうぶつえん す 子供たちは動物園が好きです。
동물원	아이들은 동물원을 좋아합니다.
動物園	子供たちは動物園が好きです。

と ちゅう **途中**	しょくじ と ちゅう でん わ 食事の途中で電話がかかってきた。
도중	식사 도중에 전화가 걸려 왔다.
途中	食事の途中で電話がかかってきた。

どろぼう **泥棒**	けいさつ げん ば どろぼう たい ほ 警察は現場で泥棒を逮捕しました。
도둑	경찰은 현장에서 도둑을 체포했습니다.
泥棒	警察は現場で泥棒を逮捕しました。

どうぐ　つか
道具 도구 | 使う 쓰다/사용하다 | ~と ~면 | 便利 편리 | 子供たち 아이들 | 動物園
す　　　　　　　　　　　しょくじ　　　　　とちゅう　　　でんわ
동물원 | ~が好きだ ~을/를 좋아하다 | 食事 식사 | 途中 도중 | 電話 전화 | かかる
けいさつ　　　げんば　　　どろぼう　　たいほ
걸다 | くる 오다 | 警察 경찰 | 現場 현장 | 泥棒 도둑 | 逮捕 체포

27일차 단어 미리 보기 알고 있는 단어를 체크해 보세요

번호	단어	읽는 법	뜻	체크
1	匂い	におい	냄새/향기	☐
2	日記	にっき	일기	☐
3	入院	にゅういん	입원	☐
4	入学	にゅうがく	입학	☐
5	人形	にんぎょう	인형	☐
6	値段	ねだん	가격	☐
7	熱	ねつ	열	☐
8	寝坊	ねぼう	늦잠	☐
9	喉	のど	목/인후	☐
10	乗り物	のりもの	탈 것/교통수단	☐
11	葉	は	잎	☐
12	場合	ばあい	경우	☐
13	歯医者	はいしゃ	치과의사	☐
14	場所	ばしょ	장소	☐
15	発音	はつおん	발음	☐
16	花見	はなみ	꽃구경	☐
17	林	はやし	숲	☐
18	番組	ばんぐみ	프로그램	☐
19	反対	はんたい	반대	☐
20	日	ひ	날/해	☐

✎ 문장으로 단어를 익히고 손으로 직접 써보세요

におい 匂い	おいしそうな匂いがする。
냄새/향기	맛있는 냄새가 난다.
匂い	おいしそうな匂いがする。

にっき 日記	日課を日記に記録します。
일기	일과를 일기에 기록합니다.
日記	日課を日記に記録します。

にゅういん 入院	交通事故で病院に入院しました。
입원	교통사고로 병원에 입원했습니다.
入院	交通事故で病院に入院しました。

にゅうがく 入学	入学試験に合格しました。
입학	입학시험에 합격했습니다.
入学	入学試験に合格しました。

おいしい 맛있다 | 匂い 냄새 | 日課 일과 | 日記 일기 | ~に ~에 | 記録 기록 | する 하다 | 交通 교통 | 事故 사고 | ~で ~(으)로 | 病院 병원 | 入院 입원 | 入学 입학 | 試験 시험 | 合格 합격

✎ **문장으로 단어를 익히고 손으로 직접 써보세요**

にんぎょう **人形**	おもちゃ屋で人形を買いました。
인형	장난감 가게에서 인형을 샀습니다.
人形	おもちゃ屋で人形を買いました。

ね だん **値段**	値段も安いし、品もいいです。
가격	가격도 싸고, 물건도 좋습니다.
値段	値段も安いし、品もいいです。

ねつ **熱**	熱が出て出勤できなかった。
열	열이 나서 출근할 수 없었다.
熱	熱が出て出勤できなかった。

ね ぼう **寝坊**	寝坊して遅刻しました。
늦잠	늦잠을 자서 지각했습니다.
寝坊	寝坊して遅刻しました。

おもちゃ屋 장난감 가게 | 人形 인형 | 買う 사다 | 値段 가격 | ~も ~도/~이나 | 安い 싸다 | 品 물건/물품/품질 | いい 좋다 | 熱 열 | 出る 나다 | 出勤 출근 | できる 할 수 있다/가능하다 | 寝坊 늦잠 | 遅刻 지각

✏️ **문장으로 단어를 익히고 손으로 직접 써보세요**

のど **喉**	喉が腫れて病院に行きました。
목/인후	목이 부어서 병원에 갔습니다.
喉	喉が腫れて病院に行きました。

の もの **乗り物**	よく利用する乗り物は新幹線、モノレール、地下鉄です。
탈 것/교통기관	자주 이용하는 교통기관은 신칸센, 모노레일, 지하철입니다.
乗り物	よく利用する乗り物は新幹線、モノレール、地下鉄です。

は **葉**	葉が枯れている。
잎	잎이 마르고 있다.
葉	葉が枯れている。

ば あい **場合**	場合によっては日程の変更も可能です。
경우	경우에 따라서는 일정 변경도 가능합니다.
場合	場合によっては日程の変更も可能です。

喉 목/인후 | 腫れる 붓다 | 病院 병원 | よく 잘/자주 | 利用 이용 | 乗り物 탈 것/교통기관 | 新幹線 신칸센 | モノレール 모노레일 | 地下鉄 지하철 | 葉 잎 | 枯れる 마르다/시들다 | 場合 경우 | ~によって ~에 의해/에 따라 | 日程 일정 | 変更 변경 | 可能 가능

✏️ **문장으로 단어를 익히고 손으로 직접 써보세요**

はいしゃ **歯医者** 치과 의사	かれ しょくぎょう はいしゃ 彼の職業は歯医者だ。 그의 직업은 치과 의사다.
歯医者	彼の職業は歯医者だ。

ばしょ **場所** 장소	やくそく ばしょ つ 約束の場所に着きました。 약속 장소에 도착했습니다,
場所	約束の場所に着きました。

はつおん **発音** 발음	かのじょ えいご はつおん 彼女は英語の発音がいいです。 그녀는 영어 발음이 좋습니다.
発音	彼女は英語の発音がいいです。

はなみ **花見** 꽃구경/벚꽃놀이	はる はなみ い 春になると花見に行きます。 봄이 되면 꽃구경을 갑니다.
花見	春になると花見に行きます。

かれ しょくぎょう はいしゃ やくそく ばしょ つ
彼 그 | 職業 직업 | 歯医者 치과 의사 | 約束 약속 | 場所 장소 | 着く 도착하다
かのじょ えいご はつおん はる
彼女 그녀 | 英語 영어 | 発音 발음 | いい 좋다 | 春 봄 | ~になる ~이/가 되다
はなみ い
花見 꽃구경 | 行く 가다

✏️ **문장으로 단어를 익히고 손으로 직접 써보세요**

林 はやし 숲	林の中に湖があります。 はやし　なか　みずうみ 숲속에 호수가 있습니다.
林	林の中に湖があります。

番組 ばんぐみ 프로그램	鈴木さんは人気番組に出演する予定です。 すずき　き　にんき ばんぐみ　しゅつえん　よ てい 스즈키 씨는 인기 프로그램에 출연할 예정입니다.
番組	鈴木さんは人気番組に出演する予定です。

反対 はんたい 반대	彼は反対の意見を主張しています。 かれ　はんたい　い けん　しゅちょう 그는 반대 의견을 주장하고 있습니다.
反対	彼は反対の意見を主張しています。

日 ひ 날/해	冬は早く日が暮れる。 ふゆ　はや　ひ　く 겨울은 해가 빨리 진다.
日	冬は早く日が暮れる。

林 _{はやし} 숲 | ~中 _{なか} ~속 | 湖 _{みずうみ} 호수 | ある 있다 | ~さん ~씨 | 人気 _{にんき} 인기 | 番組 _{ばんぐみ} 프로그램
| 出演 _{しゅつえん} 출연 | する 하다 | 予定 _{よてい} 예정 | 彼 _{かれ} 그 | 反対 _{はんたい} 반대 | 意見 _{いけん} 의견 | 主張 _{しゅちょう} 주장 |
冬 _{ふゆ} 겨울 | 早い _{はや} 이르다/빠르다 | 日 _ひ 날/해 | 暮れる _く 저물다/해가 지다

번호	단어	읽는 법	뜻	체크
1	火	ひ	불	☐
2	光	ひかり	빛	☐
3	引き出し	ひきだし	서랍	☐
4	ひげ	ひげ	수염	☐
5	美術館	びじゅつかん	미술관	☐
6	引っ越し	ひっこし	이사	☐
7	美容院	びよういん	미용실	☐
8	昼間	ひるま	낮/주간	☐
9	復習	ふくしゅう	복습	☐
10	布団	ふとん	이불	☐
11	船	ふね	배/선박	☐
12	文化	ぶんか	문화	☐
13	文章	ぶんしょう	문장	☐
14	文法	ぶんぽう	문법	☐
15	返事	へんじ	답장/대답	☐
16	貿易	ぼうえき	무역	☐
17	放送	ほうそう	방송	☐
18	法律	ほうりつ	법률	☐
19	星	ほし	별	☐
20	翻訳	ほんやく	번역	☐

✎ 문장으로 단어를 익히고 손으로 직접 써보세요

ひ **火** 불	**ひ つか とき じゅうぶん き** 火を使う時は十分気をつけましょう。
	불을 사용할 때는 충분히 조심합시다.
火	火を使う時は十分気をつけましょう。

ひかり **光** 빛	**あいだ ひかり み** カーテンの間から光が見えます。
	커튼 사이로 빛이 보입니다.
光	カーテンの間から光が見えます。

ひ だ **引き出し** 서랍	**じゅうよう しょるい ひ だ ほ かん** 重要な書類は引き出しに保管します。
	중요한 서류는 서랍에 보관합니다.
引き出し	重要な書類は引き出しに保管します。

ひげ 수염	**そ** しばらくひげを剃ってなかった。
	오랫동안 수염을 깎지 않았다.
ひげ	しばらくひげを剃ってなかった。

ひ つか とき じゅうぶん き
火 불 | 使う 쓰다/사용하다 | ~時 ~때 | 十分 충분 | 気をつける 조심하다 | カーテ
あいだ ひかり み じゅうよう しょるい ひ だ
ン 커튼 | 間 사이 | 光 빛 | 見える 보이다 | 重要だ 중요하다 | 書類 서류 | 引き出し
ほ かん そ
서랍 | 保管 보관 | しばらく 오래간만/오랫동안 | ひげ 수염 | 剃る 박박 깎다/면도하다

179

✏️ 문장으로 단어를 익히고 손으로 직접 써보세요

び じゅつかん **美術館** 미술관	び じゅつかん となり どうぶつえん 美術館の隣に動物園があります。 미술관 옆에 동물원이 있습니다.
美術館	美術館の隣に動物園があります。

ひ こ **引っ越し** 이사	きょねん ひ こ 去年引っ越しました。 작년에 이사했습니다.
引っ越し	去年引っ越しました。

び よういん **美容院** 미용실	しゅうまつ び よういん ひと おお 週末は美容院に人が多い。 주말에는 미용실에 사람이 많다.
美容院	週末は美容院に人が多い。

ひる ま **昼間** 낮/주간	ひる ま たいよう あつ 昼間は太陽が熱いです。 낮에는 해가 뜨겁습니다.
昼間	昼間は太陽が熱いです。

びじゅつかん
美術館 미술관 | 隣 이웃/옆 | 動物園 동물원 | あります (사물·식물·무생물)있습니다 |
きょねん　　　　ひ　こ　　　　　しゅうまつ　　　　びよういん　　　　ひと　　　おお
去年 작년 | 引っ越し 이사 | 週末 주말 | 美容院 미용실 | 人 사람 | 多い 많다 |
ひる ま　　　　　たいよう　　　　あつ
昼間 낮/주간 | 太陽 태양/해 | 熱い 뜨겁다

✎ 문장으로 단어를 익히고 손으로 직접 써보세요

ふくしゅう **復習** 복습	じゅぎょう じ かん なら ないよう まいにち ふくしゅう 授業の時間に習った内容は毎日復習します。 수업 시간에 배운 내용은 매일 복습합니다.
復習	授業の時間に習った内容は毎日復習します。

ふ とん **布団** 이불	なつ うす ふ とん ね 夏は薄い布団をかけて寝ます。 여름에는 얇은 이불을 덮고 잡니다.
布団	夏は薄い布団をかけて寝ます。

ふね **船** 배/선박	ふね の よ 船に乗ると酔う。 배를 타면 멀미를 한다.
船	船に乗ると酔う。

ぶん か **文化** 문화	に ほん でんとうぶん か けんきゅう 日本の伝統文化を研究しています。 일본의 전통문화를 연구하고 있습니다.
文化	日本の伝統文化を研究しています。

じゅぎょう うす ふ とん
授業 수업 | 時間 시간 | 習う 배우다 | 内容 내용 | 毎日 매일 | 復習 복습 | 夏 여름
| 薄い 얇다 | 布団をかける 이불을 덮다 | 寝る 자다 | 船 배 | ~に乗る ~을/를 타다 |
よ に ほん でんとう ぶん か けんきゅう
酔う 멀미하다 | 日本 일본 | 伝統 전통 | 文化 문화 | 研究 연구

✎ 문장으로 단어를 익히고 손으로 직접 써보세요

ぶんしょう **文章**	短い文章から学びます。
문장	짧은 문장부터 배웁니다.
文章	短い文章から学びます。

ぶんぽう **文法**	月曜日は文法の授業があります。
문법	월요일은 문법 수업이 있습니다.
文法	月曜日は文法の授業があります。

へんじ **返事**	彼の返事を待っています。
답장/대답	그의 대답을 기다리고 있습니다.
返事	彼の返事を待っています。

ぼうえき **貿易**	ここが貿易センターです。
무역	여기가 무역센터입니다.
貿易	ここが貿易センターです。

みじか
短い 짧다 | ぶんしょう
文章 문장 | ～から ～에서/(로)부터 | まな
学ぶ 배우다 | げつよう び
月曜日 월요일 | ぶんぽう
文法
문법 | じゅぎょう
授業 수업 | あります (사물·식물·무생물)있습니다 | かれ
彼 그 | へんじ
返事 답장/대답 | ま
待つ
기다리다 | ここ 여기/이곳 | ぼうえき
貿易 무역 | センター 센터 | ～です ～ㅂ니다

✏️ **문장으로 단어를 익히고 손으로 직접 써보세요**

ほうそう **放送**	きょういくほうそうばんぐみ へんせい 教育放送番組が編成された。
방송	교육방송 프로그램이 편성되었다.
放送	教育放送番組が編成された。

ほうりつ **法律**	ほうりつ そうだん う 法律相談を受けたいです。
법률	법률상담을 받고 싶습니다.
法律	法律相談を受けたいです。

ほし **星**	ほし かがや 星が輝いています。
별	별이 반짝이고 있습니다.
星	星が輝いています。

ほんやく **翻訳**	ほんやく しごと たまには翻訳の仕事もしています。
번역	가끔은 번역 일도 하고 있습니다.
翻訳	たまには翻訳の仕事もしています。

きょういく
教育 교육 ┃ ほうそう
放送 방송 ┃ ばんぐみ
番組 프로그램 ┃ へんせい
編成 편성 ┃ **～される** ~되다 ┃ ほうりつ
法律 법률 ┃

そうだん
相談 상담 ┃ う
受ける 받다 ┃ **～(し)たい** ~(하)고 싶다 ┃ **星** 별 ┃ かがや
輝く 빛나다/반짝이다 ┃

たまに 가끔 ┃ ほんやく
翻訳 번역 ┃ しごと
仕事 일 ┃ **～も** ~도/~이나

번호	단어	읽는 법	뜻	체크
1	漫画	まんが	만화	☐
2	真ん中	まんなか	한가운데	☐
3	湖	みずうみ	호수	☐
4	昔	むかし	옛날	☐
5	虫	むし	벌레	☐
6	息子	むすこ	아들	☐
7	約束	やくそく	약속	☐
8	湯	ゆ	더운물/목욕물	☐
9	輸出	ゆしゅつ	수출	☐
10	輸入	ゆにゅう	수입	☐
11	指	ゆび	손가락	☐
12	指輪	ゆびわ	반지	☐
13	夢	ゆめ	꿈	☐
14	予習	よしゅう	예습	☐
15	予定	よてい	예정	☐
16	予約	よやく	예약	☐
17	理由	りゆう	이유	☐
18	歴史	れきし	역사	☐
19	練習	れんしゅう	연습	☐
20	忘れ物	わすれもの	분실물	☐

✏️ 문장으로 단어를 익히고 손으로 직접 써보세요

まん が **漫画**	おとうと まん が す 弟は漫画が好きです。
만화	남동생은 만화를 좋아합니다.
漫画	弟は漫画が好きです。

ま なか **真ん中**	こうえん ま なか さくら き 公園の真ん中に桜の木があります。
한가운데	공원 한가운데에 벚나무가 있습니다.
真ん中	公園の真ん中に桜の木があります。

みずうみ **湖**	へん うつく みずうみ この辺に美しい湖があります。
호수	이 근처에 아름다운 호수가 있습니다.
湖	この辺に美しい湖があります。

むかし **昔**	むかし つた はなし 昔から伝わる話だ。
옛날	옛날부터 전해 내려오는 이야기다.
昔	昔から伝わる話だ。

おとうと
弟 (나의)남동생 | まん が
漫画 만화 | ~が好きだ ~을/를 좋아하다 | こうえん
公園 공원 | ま なか
真ん中 한가
운데 | ~に ~에 | さくら き
桜の木 벚나무 | へん
この辺 이 근처/부근 | 美しい 아름답다 | みずうみ
湖 호수 |
むかし
昔 옛날 | ~から ~에서/~(로)부터 | つた
伝わる 전해지다 | はなし
話 이야기

185

✏️ **문장으로 단어를 익히고 손으로 직접 써보세요**

むし **虫**	むし おと き 虫の音が聞こえます。
벌레	벌레 소리가 들립니다.
虫	虫の音が聞こえます。

むす こ **息子**	むす こ す 息子はサッカーが好きです。
아들	아들은 축구를 좋아합니다.
息子	息子はサッカーが好きです。

やくそく **約束**	あした ともだち やくそく 明日は友達と約束があります。
약속	내일은 친구와 약속이 있습니다.
約束	明日は友達と約束があります。

ゆ **湯**	ゆ あし あら お湯で足を洗った。
더운물/목욕물	더운물로 발을 씻었다.
湯	お湯で足を洗った。

むし
虫 벌레 | 音 소리 | 聞こえる 들리다 | 息子 아들 | サッカー 축구 | ~が好きだ ~
을/를 좋아하다 | 明日 내일 | 友達 친구 | 約束 약속 | あります (사물·식물·무생물)있습니
다 | 湯 더운물/목욕물 | ~で ~(으)로 | 足 발 | 洗う 씻다

✎ 문장으로 단어를 익히고 손으로 직접 써보세요

ゆしゅつ **輸出** 수출	この商品は輸出が禁止された。
	이 상품은 수출이 금지되었다.
輸出	この商品は輸出が禁止された。

ゆにゅう **輸入** 수입	輸入ビールはどこにありますか。
	수입 맥주는 어디에 있습니까?
輸入	輸入ビールはどこにありますか。

ゆび **指** 손가락	指に感覚がない。
	손가락에 감각이 없다.
指	指に感覚がない。

ゆびわ **指輪** 반지	結婚指輪をなくしました。
	결혼반지를 잃어버렸습니다.
指輪	結婚指輪をなくしました。

商品 상품 | 輸出 수출 | 禁止 금지 | ~される ~되다 | 輸入 수입 | ビール 맥주 |
どこ 어디 | ~に ~에 | 指 손가락 | 感覚 감각 | ない 없다 | 結婚 결혼 | 指輪 반지 |
なくす 잃다

✏️ **문장으로 단어를 익히고 손으로 직접 써보세요**

ゆめ 夢	ゆめ じつげん 夢が実現した。
꿈	꿈이 실현되었다.
夢	夢が実現した。

よしゅう 予習	じゅぎょう まえ かなら よしゅう 授業の前に必ず予習をしなければならない。
예습	수업 전에 반드시 예습을 해야 한다.
予習	授業の前に必ず予習をしなければならない。

よてい 予定	ことし やす よてい 今年は休む予定です。
예정	올해는 쉴 예정입니다.
予定	今年は休む予定です。

よやく 予約	せんしゅう よやく ホテルは先週予約しました。
예약	호텔은 지난주에 예약했습니다.
予約	ホテルは先週予約しました。

ゆめ じつげん じゅぎょう まえ かなら よしゅう
夢 꿈 | 実現 실현 | 授業 수업 | ~前 ~전/~앞 | ~に ~에 | 必ず 반드시 | 予習 예습
| ~しなければならない ~하지 않으면 안 된다(해야 한다) | 今年 올해 | 休む 쉬다 |
よてい せんしゅう よやく
予定 예정 | ~です ~ㅂ니다 | ホテル 호텔 | 先週 지난주 | 予約 예약

✏️ **문장으로 단어를 익히고 손으로 직접 써보세요**

りゆう **理由** 이유	はんたい いけん りゆう 反対意見には理由があります。 반대 의견에는 이유가 있습니다.
理由	反対意見には理由があります。

れきし **歴史** 역사	かのじょ れきし おし 彼女は歴史を教えています。 그녀는 역사를 가르치고 있습니다.
歴史	彼女は歴史を教えています。

れんしゅう **練習** 연습	れんしゅう ピアノの練習をしています。 피아노 연습을 하고 있습니다.
練習	ピアノの練習をしています。

わす もの **忘れ物** 분실물	わす もの ほかん 忘れ物保管センターはあちらです。 분실물 보관 센터는 저쪽입니다.
忘れ物	忘れ物保管センターはあちらです。

はんたい いけん りゆう かのじょ れきし
反対 반대 | 意見 의견 | ~には ~에는 | 理由 이유 | ある 있다 | 彼女 그녀 | 歴史
おし れんしゅう わす もの ほかん
역사 | 教える 가르치다 | ピアノ 피아노 | 練習 연습 | 忘れ物 분실물 | 保管 보관 |

センター 센터 | あちら 저쪽

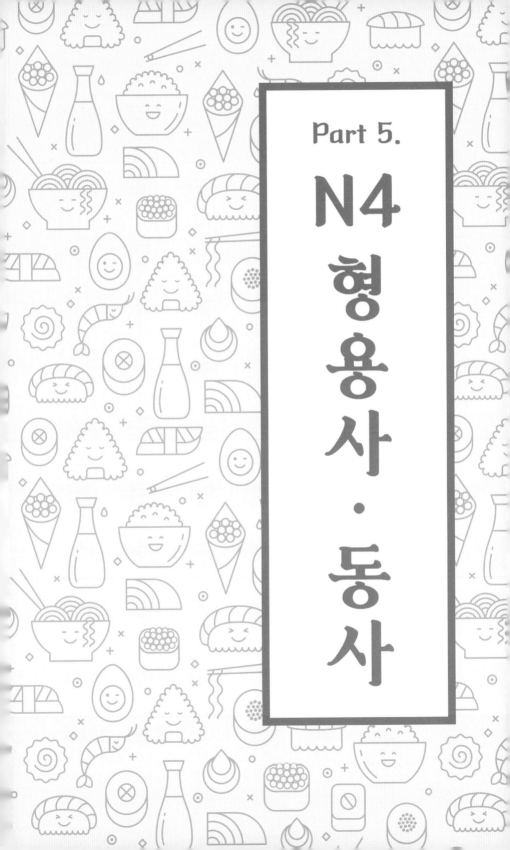

Part 5.

N4
형용사 · 동사

번호	단어	읽는 법	뜻	체크
1	浅い	あさい	얕다	☐
2	厚い	あつい	두껍다	☐
3	美しい	うつくしい	아름답다	☐
4	うまい	うまい	맛있다/잘하다/순조롭다	☐
5	うるさい	うるさい	시끄럽다	☐
6	うれしい	うれしい	기쁘다	☐
7	重い	おもい	무겁다	☐
8	軽い	かるい	가볍다	☐
9	固い	かたい	딱딱하다	☐
10	かまわない	かまわない	상관없다	☐
11	厳しい	きびしい	엄하다/엄격하다	☐
12	怖い	こわい	무섭다	☐
13	寂しい	さびしい	외롭다	☐
14	すごい	すごい	굉장하다/대단하다	☐
15	すばらしい	すばらしい	훌륭하다/멋있다	☐
16	ぬるい	ぬるい	미지근하다	☐
17	眠い	ねむい	졸리다	☐
18	恥ずかしい	はずかしい	부끄럽다	☐
19	ひどい	ひどい	지독하다/심하다	☐
20	深い	ふかい	깊다	☐

✏️ 문장으로 단어를 익히고 손으로 직접 써보세요

あさ **浅い**	みずあそ　　あさ 水遊びは浅いところでだけしてください。
얕다	물놀이는 얕은 곳에서만 하세요.
浅い	水遊びは浅いところでだけしてください。

あつ **厚い**	にく　あつ　き 肉を厚く切りました。
두껍다	고기를 두껍게 썰었습니다.
厚い	肉を厚く切りました。

うつく **美しい**	し ぜん　うつく 自然は美しいです。
아름답다	자연은 아름답습니다.
美しい	自然は美しいです。

うまい	かれ　りょうり 彼は料理がうまいです。
맛있다/잘한다/순조롭다	그는 요리를 잘합니다.
うまい	彼は料理がうまいです。

みずあそ　　　　　　　　　あさ
水遊び 물놀이 | 浅い 얕다 | ところ 곳 | ~で ~에서 | ~だけ ~만 | 肉 고기 | 厚い
　　　　　　き　　　　　　　し ぜん　　　　うつく　　　　　　　かれ　　　　りょうり
두껍다 | 切る 자르다/베다 | 自然 자연 | 美しい 아름답다 | 彼 그 | 料理 요리 | うま

い 맛있다/잘한다/순조롭다

[N4 い형용사] 단어 쓰기 02

✏️ 문장으로 단어를 익히고 손으로 직접 써보세요

うるさい 시끄럽다	ここはいつも<ruby>人<rt>ひと</rt></ruby>が<ruby>多<rt>おお</rt></ruby>くてうるさいです。
	여기는 항상 사람이 많고 시끄럽습니다.
うるさい	ここはいつも人が多くてうるさいです。

うれしい 기쁘다	<ruby>合格<rt>ごうかく</rt></ruby>してうれしいです。
	합격해서 기쁩니다.
うれしい	合格してうれしいです。

<ruby>重<rt>おも</rt></ruby>**い** 무겁다	<ruby>彼<rt>かれ</rt></ruby>の<ruby>罪<rt>つみ</rt></ruby>は<ruby>重<rt>おも</rt></ruby>いです。
	그의 죄는 무겁습니다.
重い	彼の罪は重いです。

<ruby>軽<rt>かる</rt></ruby>**い** 가볍다	<ruby>朝<rt>あさ</rt></ruby>は<ruby>軽<rt>かる</rt></ruby>い<ruby>運動<rt>うんどう</rt></ruby>をします。
	아침에는 가벼운 운동을 합니다.
軽い	朝は軽い運動をします。

ここ 여기/이곳 | **いつも** 항상/언제나/늘 | **<ruby>人<rt>ひと</rt></ruby>** 사람 | **<ruby>多<rt>おお</rt></ruby>い** 많다 | **うるさい** 시끄럽다 |
<ruby>合格<rt>ごうかく</rt></ruby> 합격 | **うれしい** 기쁘다 | **<ruby>彼<rt>かれ</rt></ruby>** 그 | **<ruby>罪<rt>つみ</rt></ruby>** 죄 | **<ruby>重<rt>おも</rt></ruby>い** 무겁다 | **<ruby>朝<rt>あさ</rt></ruby>** 아침 | **<ruby>軽<rt>かる</rt></ruby>い** 가볍다 |
<ruby>運動<rt>うんどう</rt></ruby> 운동 | **する** 하다

✎ 문장으로 단어를 익히고 손으로 직접 써보세요

かた **固い** 딱딱하다	かた た もの 固い食べ物はかめません。 딱딱한 음식은 씹을 수 없습니다.
固い	固い食べ物はかめません。

かまわない 상관없다	もうどうなってもかまわない。 이제 어떻게 되든 상관없다.
かまわない	もうどうなってもかまわない。

きび **厳しい** 엄하다/엄격하다	すいえい たいかい き てい きび 水泳大会の規定は厳しいです。 수영대회의 규정은 엄격합니다.
厳しい	水泳大会の規定は厳しいです。

こわ **怖い** 무섭다	こわ えい が み 怖い映画は見ません。 무서운 영화는 보지 않습니다.
怖い	怖い映画は見ません。

かた   た もの
固い 딱딱하다 | 食べ物 음식 | かむ 씹다 | もう 이제 | どう 어떻게 | なる 되다 |
                       すいえい   たいかい   き てい   きび
かまわない 상관없다 | 水泳 수영 | 大会 대회 | 〜の ~의 | 規定 규정 | 厳しい 엄하
         こわ   えい が   み
다/엄격하다 | 怖い 무섭다 | 映画 영화 | 見る 보다

✎ 문장으로 단어를 익히고 손으로 직접 써보세요

寂^{さび}しい	寂^{さび}しくて酒^{さけ}を飲^のんだ。
외롭다	외로워서 술을 마셨다.
寂しい	寂しくて酒を飲んだ。

すごい	すごいですね。
굉장하다/대단하다	대단하네요.
すごい	すごいですね。

すばらしい	すばらしい作品^{さくひん}を発見^{はっけん}した。
훌륭하다/멋있다	훌륭한 작품을 발견했다.
すばらしい	すばらしい作品を発見した。

ぬるい	お茶^{ちゃ}が冷^ひえてぬるくなった。
미지근하다	차가 식어서 미지근해졌다.
ぬるい	お茶が冷えてぬるくなった。

寂^{さび}しい 외롭다 | 酒^{さけ} 술 | 飲^のむ 마시다 | すごい 굉장하다/대단하다 | すばらしい 훌륭하다/멋있다 | 作品^{さくひん} 작품 | 発見^{はっけん} 발견 | お茶^{ちゃ} 차 | 冷^ひえる 식다 | ぬるい 미지근하다

✎ 문장으로 단어를 익히고 손으로 직접 써보세요

ねむ 眠い	たくさん寝たのにまだ眠いです。
졸리다	많이 잤는데 아직도 졸려요.
眠い	たくさん寝たのにまだ眠いです。

は 恥ずかしい	は 恥ずかしい行動はしませんでした。
부끄럽다	부끄러운 행동은 하지 않았습니다.
恥ずかしい	恥ずかしい行動はしませんでした。

ひどい	あくしゅう 悪臭がひどいです。
지독하다/심하다	악취가 심합니다.
ひどい	悪臭がひどいです。

ふか 深い	みずうみ すいしん ふか この湖は水深が深いです。
깊다	이 호수는 수심이 깊습니다.
深い	この湖は水深が深いです。

たくさん 많음/충분함 | ね
寝る 자다 | ~のに ~(는)데 | まだ 아직(도) | ねむ
眠い 졸리다 |
は
恥ずかしい 부끄럽다 | こうどう
行動 행동 | あくしゅう
悪臭 악취 | ひどい 심하다 | この 이 | みずうみ
湖 호수
| すいしん
水深 수심 | ふか
深い 깊다

31일차 단어 미리 보기

알고 있는 단어를 체크해 보세요

번호	단어	읽는 법	뜻	체크
1	安心だ	あんしんだ	안심이다	☐
2	同じだ	おなじだ	같다/동일하다	☐
3	簡単だ	かんたんだ	간단하다	☐
4	危険だ	きけんだ	위험하다	☐
5	失礼だ	しつれいだ	실례하다/무례하다	☐
6	じゃまだ	じゃまだ	방해하다	☐
7	自由だ	じゆうだ	자유롭다	☐
8	十分だ	じゅうぶんだ	충분하다	☐
9	親切だ	しんせつだ	친절하다	☐
10	心配だ	しんぱいだ	걱정이다	☐
11	大事だ	だいじだ	중요하다/소중하다	☐
12	確かだ	たしかだ	확실하다	☐
13	丁寧だ	ていねいだ	공손하다/정중하다	☐
14	適当だ	てきとうだ	적당하다	☐
15	特別だ	とくべつだ	특별하다	☐
16	熱心だ	ねっしんだ	열심이다	☐
17	まじめだ	まじめだ	성실하다	☐
18	無理だ	むりだ	무리이다	☐
19	必要だ	ひつようだ	필요하다	☐
20	複雑だ	ふくざつだ	복잡하다	☐

✏️ **문장으로 단어를 익히고 손으로 직접 써보세요**

あんしん **安心だ**	せいぶん つく あんしん いい成分で作って安心です。
안심이다	좋은 성분으로 만들어서 안심입니다.
安心だ	いい成分で作って安心です。

おな **同じだ**	すずき おな かいしゃ かよ 鈴木さんと同じ会社に通っています。
같다/동일하다	스즈키 씨와 같은 회사에 다니고 있습니다.
同じだ	鈴木さんと同じ会社に通っています。

かんたん **簡単だ**	かんたん 簡単なことではありません。
간단하다	간단한 일이 아닙니다.
簡単だ	簡単なことではありません。

き けん **危険だ**	けんきゅうしつ き けん やくひん おお 研究室には危険な薬品が多いです。
위험하다	연구실에는 위험한 약품이 많습니다.
危険だ	研究室には危険な薬品が多いです。

いい 좋다 | せいぶん 成分 성분 | つく 作る 만들다 | あんしん 安心だ 안심이다 | おな 同じだ 같다/동일하다 |
かいしゃ 会社 회사 | ~に ~에 | かよ 通う 다니다 | かんたん 簡単だ 간단하다 | こと 일/것 | ~ではありま
せん ~이/가 아닙니다 | けんきゅうしつ 研究室 연구실 | き けん 危険だ 위험하다 | やくひん 薬品 약품 | おお 多い 많다

✍ 문장으로 단어를 익히고 손으로 직접 써보세요

しつれい **失礼だ**	かれ しつれい たいど だい な 彼の失礼な態度はビジネスを台無しにする。
실례하다/무례하다	그의 무례한 태도는 사업을 망친다.
失礼だ	彼の失礼な態度はビジネスを台無しにする。

じゃまだ	そうおん ぎょうむ 騒音は業務にじゃまになります。
방해하다	소음은 업무에 방해가 됩니다.
じゃまだ	騒音は業務にじゃまになります。

じ ゆう **自由だ**	せんたく じ ゆう 選択は自由にできます。
자유롭다	선택은 자유롭게 할 수 있습니다.
自由だ	選択は自由にできます。

じゅうぶん **十分だ**	じゅうぶん きゅうそく ひつよう 十分な休息が必要です。
충분하다	충분한 휴식이 필요합니다.
十分だ	十分な休息が必要です。

しつれい
失礼だ 실례하다/무례하다 | たい ど
態度 태도 | ビジネス 비즈니스/일/사업 | だい な
台無しにする 망치다 | そうおん
騒音 소음 | ぎょうむ
業務 업무 | じゃまになる 방해가 되다 | せんたく
選択 선택 | じ ゆう
自由だ 자유롭다 | できる 가능하다/할 수 있다 | じゅうぶん
十分だ 충분하다 | きゅうそく
休息 휴식 | ひつよう
必要 필요

✎ 문장으로 단어를 익히고 손으로 직접 써보세요

しんせつ **親切だ**	この店の店員さんは親切です。
친절하다	이 가게의 점원은 친절합니다.
親切だ	この店の店員さんは親切です。

しんぱい **心配だ**	乗り物酔いがひどくて心配です。
걱정이다	멀미가 심해서 걱정입니다.
心配だ	乗り物酔いがひどくて心配です。

だいじ **大事だ**	お金と名誉より健康が大事です。
중요하다/소중하다	돈과 명예보다 건강이 중요합니다.
大事だ	お金と名誉より健康が大事です。

たし **確かだ**	彼が犯人だという確かな証拠がありません。
확실하다	그가 범인이라는 확실한 증거가 없습니다.
確かだ	彼が犯人だという確かな証拠がありません。

店 가게/상점 | 店員 점원 | 親切 친절 | (乗り物)酔い (차)멀미 | ひどい 심하다 |
心配だ 걱정이다 | 金 돈 | 名誉 명예 | ～より ~보다 | 健康 건강 | 大事だ 중요하다/
소중하다 | 犯人 범인 | ～という ~라고 하는 | 確かだ 확실하다 | 証拠 증거

✏️ 문장으로 단어를 익히고 손으로 직접 써보세요

ていねい **丁寧だ**	こと ば づか ていねい ま じ め ひと 言葉遣いも丁寧で真面目な人です。
공손하다/정중하다	말씨도 정중하고 성실한 사람입니다.
丁寧だ	言葉遣いも丁寧で真面目な人です。

てきとう **適当だ**	おお てきとう そのくらいの大きさが適当です。
적당하다	그 정도 크기가 적당합니다.
適当だ	そのくらいの大きさが適当です。

とくべつ **特別だ**	かれ わたし とくべつ ひと 彼は私にとって特別な人です。
특별하다	그는 나에게 있어 특별한 사람입니다.
特別だ	彼は私にとって特別な人です。

ねっしん **熱心だ**	がくせい みな し けん じゅんび ねっしん 学生たちは皆試験の準備に熱心だ。
열심이다	학생들은 모두 시험 준비에 열심이다.
熱心だ	学生たちは皆試験の準備に熱心だ。

こと ば づか 　　　　　　 しいねい 　　　　　　　　　 ま じ め 　　　　　　　　　 ひと
言葉遣い 말씨/말투 | 丁寧だ 공손하다/정중하다 | 真面目だ 성실하다 | 人 사람 |
　　　　　　　おお 　　　　　　　　てきとう 　　　　　　　　　とくべつ 　　　　　　　　がくせい
くらい 정도 | 大きさ 크기 | 適当だ 적당하다 | 特別だ 특별하다 | 学生 학생 | ~た
　　　　　　みな 　　　　　しけん 　　　　　じゅんび 　　　　　ねっしん
ち ~들(복수) | 皆 모두 | 試験 시험 | 準備 준비 | 熱心だ 열심이다

✎ **문장으로 단어를 익히고 손으로 직접 써보세요**

まじめだ	田中<ruby>た<rt></rt></ruby>さんはまじめな<ruby>ひと<rt></rt></ruby>人です。
성실하다	다나카 씨는 성실한 사람입니다.
まじめだ	田中さんはまじめな人です。

無理だ <ruby>む り<rt></rt></ruby>	無理な要求は負担です。 <ruby>む り<rt></rt></ruby> <ruby>ようきゅう<rt></rt></ruby> <ruby>ふ たん<rt></rt></ruby>
무리이다	무리한 요구는 부담스럽습니다.
無理だ	無理な要求は負担です。

必要だ <ruby>ひつよう<rt></rt></ruby>	先生の助けが必要です。 <ruby>せんせい<rt></rt></ruby> <ruby>たす<rt></rt></ruby> <ruby>ひつよう<rt></rt></ruby>
필요하다	선생님의 도움이 필요합니다.
必要だ	先生の助けが必要です。

複雑だ <ruby>ふくざつ<rt></rt></ruby>	複雑な手続きは省きます。 <ruby>ふくざつ<rt></rt></ruby> <ruby>て つづ<rt></rt></ruby> <ruby>はぶ<rt></rt></ruby>
복잡하다	복잡한 절차는 생략하겠습니다.
複雑だ	複雑な手続きは省きます。

まじめだ 성실하다 | <ruby>ひと<rt></rt></ruby>人 사람 | <ruby>む り<rt></rt></ruby>無理だ 무리이다 | <ruby>ようきゅう<rt></rt></ruby>要求 요구 | <ruby>ふ たん<rt></rt></ruby>負担だ 부담스럽다 |
<ruby>せんせい<rt></rt></ruby>先生 선생님 | <ruby>たす<rt></rt></ruby>助け 도움 | <ruby>ひつよう<rt></rt></ruby>必要だ 필요하다 | <ruby>ふくざつ<rt></rt></ruby>複雑だ 복잡하다 | <ruby>て つづ<rt></rt></ruby>手続き 수속/절차 |
<ruby>はぶ<rt></rt></ruby>省く 생략하다

32일차 단어 미리 보기 알고 있는 단어를 체크해 보세요

번호	단어	읽는 법	뜻	체크
1	集まる	あつまる	모이다	☐
2	謝る	あやまる	사과하다	☐
3	上がる	あがる	오르다	☐
4	空く	あく	비다	☐
5	急ぐ	いそぐ	서두르다	☐
6	いじめる	いじめる	괴롭히다	☐
7	受ける	うける	받다	☐
8	写す	うつす	찍다/베끼다/그리다	☐
9	動く	うごく	움직이다	☐
10	植える	うえる	심다	☐
11	打つ	うつ	치다	☐
12	選ぶ	えらぶ	고르다/선택하다	☐
13	起こす	おこす	일으키다	☐
14	送る	おくる	보내다	☐
15	遅れる	おくれる	늦다	☐
16	思い出す	おもいだす	생각해 내다/상기하다	☐
17	驚く	おどろく	놀라다	☐
18	落ちる	おちる	떨어지다	☐
19	怒る	おこる	화내다	☐
20	踊る	おどる	춤추다	☐

✏️ 문장으로 단어를 익히고 손으로 직접 써보세요

あつ **集まる**	かい ぎ しつ　あつ 会議室に集まってください。
모이다	회의실로 모여주세요.
集まる	会議室に集まってください。

あやま **謝る**	あやま　　みと　　あやま 過ちを認めて謝りました。
사과하다	잘못을 인정하고 사과했습니다.
謝る	過ちを認めて謝りました。

あ **上がる**	きゅう　ぶっ か　あ 急に物価が上がりました。
오르다	갑자기 물가가 올랐습니다.
上がる	急に物価が上がりました。

あ **空く**	はこ　あ この箱は空いています。
비다	이 상자는 비어 있습니다.
空く	この箱は空いています。

かい ぎ しつ　　　　　　　　　　　　　　　　　　　　　あつ　　　　　　　　　あやま　　　　　　　　　　　　　　　みと
会議室 회의실 | **~に** ~(으)로 | **集まる** 모이다 | **過ち** 잘못/실수/과오 | **認める** 인정하
　　　あやま　　　　　　　　きゅう　　　　　　　ぶっ か　　　　　　あ　　　　　　　　　　　　　　　　　　　はこ
다 | **謝る** 사과하다 | **急に** 갑자기 | **物価** 물가 | **上がる** 오르다 | **この** 이 | **箱** 상자 |
あ
空く 비다

✏️ 문장으로 단어를 익히고 손으로 직접 써보세요

いそ **急ぐ**	やくそく じ かん おく いそ 約束の時間に遅れましたので、急いでください。
서두르다	약속시간에 늦었으니 서둘러주세요.
急ぐ	約束の時間に遅れましたので、急いでください。

いじめる	ともだち 友達をいじめてはいけません。
괴롭히다	친구를 괴롭히면 안 됩니다.
いじめる	友達をいじめてはいけません。

う **受ける**	だいがくごうかく つう ち う 大学合格の通知を受けました。
받다	대학 합격 통지를 받았습니다.
受ける	大学合格の通知を受けました。

うつ **写す**	ともだち ひっ き うつ 友達の筆記ノートを写しています。
찍다/베끼다/그리다	친구의 필기노트를 베끼고 있습니다.
写す	友達の筆記ノートを写しています。

やくそく じ かん おく いそ ともだち
約束 약속 | **時間** 시간 | **遅れる** 늦다 | **急ぐ** 서두르다 | **友達** 친구 | **いじめる** 괴롭

だいがく ごうかく つう ち う ひっ き
히다 | **大学** 대학 | **合格** 합격 | **通知** 통지 | **受ける** 받다 | **筆記** 필기 | **ノート** 노트 |

うつ
写す 찍다/베끼다/그리다

✎ 문장으로 단어를 익히고 손으로 직접 써보세요

動^{うご}く 움직이다	ロボット掃除機^{そうじき}は音^{おと}もなく動^{うご}いています。
	로봇청소기는 소리 없이 움직이고 있습니다.
動く	ロボット掃除機は音もなく動いています。

植^うえる 심다	庭^{にわ}に花^{はな}を植^うえました。
	정원에 꽃을 심었습니다.
植える	庭に花を植えました。

打^うつ 치다	彼^{かれ}は試合終了^{しあいしゅうりょう}5分前^{ごふんまえ}にホームランを打^うった。
	그는 경기 종료 5분 전에 홈런을 쳤다.
打つ	彼は試合終了5分前にホームランを打った。

選^{えら}ぶ 고르다/선택하다	ウェディングドレスを選^{えら}んでいます。
	웨딩드레스를 고르고 있습니다.
選ぶ	ウェディングドレスを選んでいます。

ロボット 로봇 | 掃除機^{そうじき} 청소기 | 音^{おと} 소리 | 動^{うご}く 움직이다 | 庭^{にわ} 정원 | 花^{はな} 꽃 | 植^うえる
심다 | 彼^{かれ} 그 | 試合^{しあい} 경기/시합 | 終了^{しゅうりょう} 종료 | ~前^{まえ} ~전/~앞 | ホームラン 홈런 | 打^うつ
치다 | ウェディングドレス 웨딩드레스 | 選^{えら}ぶ 고르다/선택하다

✎ 문장으로 단어를 익히고 손으로 직접 써보세요

お **起こす** 일으키다	^{おとうと}弟はいつも^{じこ}事故を^お起こします。 남동생은 항상 사고를 일으킵니다.
起こす	弟はいつも事故を起こします。

おく **送る** 보내다	^{ともだち}友達にメールを^{おく}送りました。 친구에게 메일을 보냈습니다.
送る	友達にメールを送りました。

おく **遅れる** 늦다	^{かれ}彼はいつも^{やくそく}約束の^{じかん}時間に^{おく}遅れます。 그는 항상 약속시간에 늦습니다.
遅れる	彼はいつも約束の時間に遅れます。

おも だ **思い出す** 생각해내다/상기하다	^{こきょう}ふと故郷を^{おも だ}思い出しました。 문득 고향이 생각났습니다.
思い出す	ふと故郷を思い出しました。

^{おとうと}弟 남동생 | いつも 언제나/늘/항상 | ^{じこ}事故 사고 | ^お起こす 일으키다 | ^{ともだち}友達 친구 | メール 메일 | ^{おく}送る 보내다 | ^{かれ}彼 그 | ^{やくそく}約束 약속 | ^{じかん}時間 시간 | ^{おく}遅れる 늦다 | ふと 문득/갑자기 | ^{こきょう}故郷 고향 | ^{おも だ}思い出す 생각해내다/상기[회상]하다

✏️ 문장으로 단어를 익히고 손으로 직접 써보세요

おどろ **驚く** 놀라다	_{かのじょ} _{りゅうちょう} _{えい ご} _{じつりょく} _{おどろ} 彼女の流暢な英語の実力に驚きました。 그녀의 유창한 영어실력에 놀랐습니다.
驚く	彼女の流暢な英語の実力に驚きました。

お **落ちる** 떨어지다	_{あき} _{お ば} _お 秋になると落ち葉が落ちます。 가을이 되면 낙엽이 떨어집니다.
落ちる	秋になると落ち葉が落ちます。

おこ **怒る** 화내다	_{すずき} _{さ さい} _{おこ} 鈴木さんは些細なことで怒ります。 스즈키 씨는 사소한 일로 화를 냅니다.
怒る	鈴木さんは些細なことで怒ります。

おど **踊る** 춤추다	_あ _{おど} リズムに合わせて踊っています。 리듬에 맞춰 춤추고 있습니다.
踊る	リズムに合わせて踊っています。

_{かのじょ} _{りゅうちょう} _{えい ご} _{じつりょく} _{おどろ} _{あき}
彼女 그녀 | 流暢だ 유창하다 | 英語 영어 | 実力 실력 | 驚く 놀라다 | 秋 가을 | ～に
_{お ば} _お _{さ さい}
なる ~이/가 되다 | 落ち葉 낙엽 | 落ちる 떨어지다 | ～さん ~씨 | 些細だ 사소하다 |
_{おこ} _あ _{おど}
こと 일/것 | 怒る 화내다 | リズム 리듬 | 合わせる 맞추다 | 踊る 춤추다

번호	단어	읽는 법	뜻	체크
1	かまう	かまう	상관하다/관계하다	☐
2	通う	かよう	다니다	☐
3	変わる	かわる	바뀌다/변하다	☐
4	考える	かんがえる	생각하다	☐
5	変える	かえる	바꾸다	☐
6	勝つ	かつ	이기다	☐
7	頑張る	がんばる	분발하다/노력하다	☐
8	飾る	かざる	장식하다/꾸미다	☐
9	片付ける	かたづける	정리하다	☐
10	かむ	かむ	물다/씹다	☐
11	乾く	かわく	마르다	☐
12	聞こえる	きこえる	들리다	☐
13	決まる	きまる	정해지다/결정되다	☐
14	決める	きめる	정하다/결정하다	☐
15	比べる	くらべる	비교하다	☐
16	暮れる	くれる	저물다	☐
17	くれる	くれる	(남이 나에게)주다	☐
18	壊す	こわす	고장 내다/부수다/깨뜨리다	☐
19	壊れる	こわれる	고장 나다/부서지다/깨지다	☐
20	込む	こむ	붐비다	☐

✏️ 문장으로 단어를 익히고 손으로 직접 써보세요

かまう	どれでもかまいません。
상관하다/관계하다	어느 것이든 상관없습니다.
かまう	どれでもかまいません。

通う かよ	兄は職場に通っています。 あに　しょくば　かよ
다니다	형은 직장에 다니고 있습니다.
通う	兄は職場に通っています。

変わる か	温度が変わります。 おん ど　か
바뀌다/변하다	온도가 변합니다.
変わる	温度が変わります。

考える かんが	いろいろな方法を考えています。 ほうほう　かんが
생각하다	여러 가지 방법을 생각하고 있습니다.
考える	いろいろな方法を考えています。

どれでも 어느 것이든 | かまう 상관하다/관계하다 | 兄 (나의)형/오빠 | 職場 직장 |
あに　　　　　　　　　　　　　　　　　　　　　　　　　しょくば
通う 다니다 | 温度 온도 | 変わる 바뀌다/변하다 | いろいろ 여러 가지 | 方法 방법 |
かよ　　　　おん ど　　　か　　　　　　　　　　　　　　　　　　　　　　　　　　ほうほう
考える 생각하다
かんが

✎ 문장으로 단어를 익히고 손으로 직접 써보세요

か **変える** 바꾸다	ふる かぐ か 古い家具を変えたいです。 오래된 가구를 바꾸고 싶습니다.
変える	古い家具を変えたいです。

か **勝つ** 이기다	あい て か 相手チームに勝ちたいです。 상대팀을 이기고 싶습니다.
勝つ	相手チームに勝ちたいです。

がん ば **頑張る** 분발하다/노력하다	みないっしょ がん ば 皆一緒に頑張りましょう。 다 같이 노력[분발]합시다.
頑張る	皆一緒に頑張りましょう。

かざ **飾る** 장식하다/꾸미다	う あか ぼう へ や かざ 生まれる赤ん坊のために部屋を飾っています。 태어날 아기를 위해 방을 꾸미고 있습니다.
飾る	生まれる赤ん坊のために部屋を飾っています。

ふる　　　　　　　　 かぐ　　　　 か
古い 낡다/오래되다 | 家具 가구 | 変える 바꾸다 | ~(し)たい (하)고 싶다 | 相手 상대
　　　　　　　 か　　　　　　　　 みな　　　　 いっしょ　　　　　　　　　　 がん ば
| チーム 팀 | 勝つ 이기다 | 皆 다/모두 | 一緒に 같이/함께 | 頑張る 분발하다/노력하
　 う　　　　　　　　　　　　　 あか ぼう　　　　　　　 へ や　　　　 かざ
다 | 生まれる 태어나다/출생하다 | 赤ん坊 갓난아기 | 部屋 방 | 飾る 장식하다/꾸미다

✏️ 문장으로 단어를 익히고 손으로 직접 써보세요

かた づ 片付ける	いもうと つくえ うえ かた づ 妹は机の上を片付けています。
정리하다	여동생은 책상 위를 정리하고 있습니다.
片付ける	妹は机の上を片付けています。

かむ	じゅぎょうちゅう 授業中にガムをかまないでください。
물다/씹다	수업 중에 껌을 씹지 마세요.
かむ	授業中にガムをかまないでください。

かわ 乾く	かわ たきぎ ひつよう 乾いた薪が必要です。
마르다	마른 장작이 필요합니다.
乾く	乾いた薪が必要です。

き 聞こえる	なみ おと き 波の音が聞こえます。
들리다	파도 소리가 들립니다.
聞こえる	波の音が聞こえます。

いもうと　つくえ　　うえ　　かた づ
妹 (나의)여동생 | 机 책상 | 上 위 | 片付ける 정리하다 | 授業 수업 | ~中 ~중 | ~に
かわ　　　　　　たきぎ　　　ひつよう　　　なみ　　　おと
~에 | ガム 껌 | かむ 씹다/물다 | 乾く 마르다 | 薪 장작 | 必要 필요 | 波 파도 | 音 소
き
리 | 聞こえる 들리다

✎ 문장으로 단어를 익히고 손으로 직접 써보세요

き **決まる** 정해지다/결정되다	し けん にってい き 試験の日程が決まりました。 시험 일정이 정해졌습니다.
決まる	試験の日程が決まりました。

き **決める** 정하다/결정하다	みな い けん はんえい き 皆の意見を反映して決めます。 모두의 의견을 반영해서 결정하겠습니다.
決める	皆の意見を反映して決めます。

くら **比べる** 비교하다	いろ せいひん くら こうにゅう 色んな製品と比べて購入しました。 여러 제품과 비교하고 구입했습니다.
比べる	色んな製品と比べて購入しました。

く **暮れる** 저물다	ふゆ ひ はや く 冬には日が早く暮れます。 겨울에는 날이 일찍 저뭅니다(해가 빨리 집니다).
暮れる	冬には日が早く暮れます。

し けん　にってい　　　　き
試験 시험 | **日程** 일정 | **決まる** 정해지다/결정되다 | **皆** 모두 | **意見** 의견 | **反映** 반영
き　　　　　　　　　　　　　いろ　　　　　　　　　　　　せいひん　　　　　くら
| **決める** 정하다/결정하다 | **色んな** 여러 가지/갖가지 | **製品** 제품 | **比べる** 비교하다 |
こうにゅう　　　ふゆ　　　ひ　　　はや　　　　　く
購入 구입 | **冬** 겨울 | **日** 날/해 | **早い** 이르다 | **暮れる** 저물다(해가 지다)

✎ 문장으로 단어를 익히고 손으로 직접 써보세요

くれる	先生は私に本を買ってくれました。
(남이 나에게)주다	선생님은 저에게 책을 사 주셨습니다.
くれる	先生は私に本を買ってくれました。

壊す	古い建物を壊しています。
고장 내다/부수다/깨뜨리다	낡은 건물을 부수고 있습니다.
壊す	古い建物を壊しています。

壊れる	おもちゃのロボットが壊れました。
고장 나다/부서지다/깨지다	장난감 로봇이 부서졌습니다.
壊れる	おもちゃのロボットが壊れました。

込む	この公園は休日にいつも込んでいます。
붐비다	이 공원은 휴일에 항상 붐빕니다.
込む	この公園は休日にいつも込んでいます。

先生 선생님 | 本 책 | 買う 사다 | くれる (남이 나에게)주다 | 古い 낡다/오래되다 | 建物 건물 | 壊す 고장 내다/부수다/깨뜨리다 | おもちゃ 장난감 | ロボット 로봇 | 壊れる 고장 나다/부서지다/깨지다 | 公園 공원 | 休日 휴일 | いつも 항상 | 込む 붐비다

번호	단어	읽는 법	뜻	체크
1	探す	さがす	찾다	☐
2	下がる	さがる	내려가다/내리다	☐
3	騒ぐ	さわぐ	떠들다	☐
4	触る	さわる	만지다/손대다	☐
5	叱る	しかる	꾸짖다/야단치다	☐
6	調べる	しらべる	조사하다	☐
7	空く	すく	비다/고프다	☐
8	捨てる	すてる	버리다	☐
9	滑る	すべる	미끄러지다	☐
10	進む	すすむ	나아가다/진행되다	☐
11	済む	すむ	끝나다	☐
12	育てる	そだてる	키우다/양육하다	☐
13	訪ねる	たずねる	방문하다/찾다	☐
14	尋ねる	たずねる	묻다/질문하다	☐
15	足りる	たりる	충분하다/족하다	☐
16	建てる	たてる	세우다/짓다	☐
17	立てる	たてる	세우다	☐
18	楽しむ	たのしむ	즐기다	☐
19	倒れる	たおれる	넘어지다/쓰러지다	☐
20	足す	たす	더하다	☐

✎ 문장으로 단어를 익히고 손으로 직접 써보세요

さが **探す** 찾다	なくした財布を探しています。 잃어버린 지갑을 찾고 있습니다.
	探す なくした財布を探しています。

さ **下がる** 내려가다/내리다	よ あ き おん さ 夜明けには気温が下がります。 새벽에는 기온이 내려갑니다.
	下がる 夜明けには気温が下がります。

さわ **騒ぐ** 떠들다	こ ども きょうしつ さわ 子供たちは教室で騒いでいます。 아이들은 교실에서 떠들고 있습니다.
	騒ぐ 子供たちは教室で騒いでいます。

さわ **触る** 만지다/손대다	さわ 触らないでください。 만지지 마세요.
	触る 触らないでください。

さい ふ   さが   よ あ   き おん   さ
なくす 없애다/분실하다 | 財布 지갑 | 探す 찾다 | 夜明け 새벽 | 気温 기온 | 下がる
こ ども   きょうしつ   さわ
내려가다/내리다 | 子供 아이 | ~たち ~들(복수) | 教室 교실 | ~で ~에서 | 騒ぐ 떠들다
さわ
触る 만지다/손대다

217

✏️ 문장으로 단어를 익히고 손으로 직접 써보세요

しか **叱る** 꾸짖다/야단치다	ちち おとうと しか 父は弟を叱っています。 아빠는 남동생을 야단치고 있습니다.
叱る	父は弟を叱っています。

しら **調べる** 조사하다	けいさつ じけんげんば しら 警察は事件現場を調べています。 경찰은 사건 현장을 조사하고 있습니다.
調べる	警察は事件現場を調べています。

す **空く** 비다/고프다	なか す お腹が空きます。 배가 고픕니다.
空く	お腹が空きます。

す **捨てる** 버리다	ばこ す ごみはごみ箱に捨ててください。 쓰레기는 휴지통에 버리세요.
捨てる	ごみはごみ箱に捨ててください。

ちち おとうと しか けいさつ じけん げんば
父 아빠 | 弟 남동생 | 叱る 꾸짖다/야단치다 | 警察 경찰 | 事件 사건 | 現場 현장 |
しら なか す ばこ
調べる 조사하다 | お腹 배 | 空く 비다/고프다 | ごみ 쓰레기 | ごみ箱 휴지통 | ~に
す
~에 | 捨てる 버리다

✏️ **문장으로 단어를 익히고 손으로 직접 써보세요**

すべ **滑る**	こお みち すべ 凍った道で滑りました。
미끄러지다	빙판길에서 미끄러졌습니다.
滑る	凍った道で滑りました。

すす **進む**	し ごと じゅんちょう すす 仕事が順調に進んでいます。
나아가다/진행되다	일이 순조롭게 진행되고 있습니다.
進む	仕事が順調に進んでいます。

す **済む**	かんたん す もんだい 簡単に済む問題です。
끝나다	간단히 끝날 문제입니다.
済む	簡単に済む問題です。

そだ **育てる**	かのじょ こ ども りっ ぱ そだ 彼女は子供を立派に育てました。
키우다/양육하다	그녀는 아이를 훌륭하게 키웠습니다.
育てる	彼女は子供を立派に育てました。

こお   みち   すべ   し ごと   じゅんちょう
凍る 얼다｜道 길｜~で ~에서｜滑る 미끄러지다｜仕事 일｜順調だ 순조롭다｜
すす   かんたん   す   もんだい   かのじょ   こ ども
進む 나아가다/진행되다｜簡単 간단｜済む 끝나다｜問題 문제｜彼女 그녀｜子供 아이
りっ ぱ   そだ
｜立派だ 훌륭하다｜育てる 키우다/양육하다

✏️ 문장으로 단어를 익히고 손으로 직접 써보세요

たず **訪ねる** 방문하다/찾다	とお しんせき いえ たず 遠い親戚の家を訪ねる。 먼 친척집을 방문하다.
訪ねる	遠い親戚の家を訪ねる。

たず **尋ねる** 묻다/질문하다	みち まよ とき げんち ひと たず 道に迷った時は現地の人に尋ねてみるといいです。 길을 잃었을 때는 현지인에게 물어보는 것이 좋습니다.
尋ねる	道に迷った時は現地の人に尋ねてみるといいです。

た **足りる** 충분하다/족하다	いま も た 今持っているもので足ります。 지금 가지고 있는 것으로 충분합니다.
足りる	今持っているもので足ります。

た **建てる** 세우다/짓다	た ビルを建てています。 빌딩을 짓고 있습니다.
建てる	ビルを建てています。

とお　しんせき　いえ　　たず　　　　　　　　　　みち　まよ
遠い 멀다 | 親戚 친척 | 家 집 | 訪ねる 방문하다/찾다 | 道 길 | 迷う 헤매다/방향을 잃

とき　　げんち　　ひと　　たず　　　　　　　　いま　も
다 | ~時 ~때 | 現地 현지 | 人 사람 | 尋ねる 묻다/질문하다 | 今 지금 | 持つ 가지다

た　　　　　　　　　　　　　　　　た
いる 있다 | もの 것 | 足りる 충분하다/족하다 | ビル 빌딩 | 建てる 세우다/짓다

✎ 문장으로 단어를 익히고 손으로 직접 써보세요

た 立てる 세우다	ふゆやす けいかく た 冬休みの計画を立てました。 겨울방학 계획을 세웠습니다.
立てる	冬休みの計画を立てました。

たの 楽しむ 즐기다	せいかつ たの ゆとりのある生活を楽しんでいます。 여유로운 생활을 즐기고 있습니다.
楽しむ	ゆとりのある生活を楽しんでいます。

たお 倒れる 넘어지다/쓰러지다	たいふう ふる き たお 台風で古い木が倒れました。 태풍으로 오래된 나무가 쓰러졌습니다.
倒れる	台風で古い木が倒れました。

た 足す 더하다	いち ご た ろく 一に五を足すと、六になります。 일에 오를 더하면 육이 됩니다.
足す	一に五を足すと、六になります。

ふゆやす けいかく た
冬休み 겨울방학 | 計画 계획 | 立てる 세우다 | ゆとり 여유 | ある 있다 | 生活 생활
たの たいふう ふる き たお
| 楽しむ 즐기다 | 台風 태풍 | ~で ~(으)로 | 古い 낡다/오래되다 | 木 나무 | 倒れる
いち ご た ろく
넘어지다/쓰러지다 | 一 일 | 五 오 | 足す 더하다 | 六 육 | ~になる 이/가 되다

35일차 단어 미리 보기 알고 있는 단어를 체크해 보세요

번호	단어	읽는 법	뜻	체크
1	包む	つつむ	싸다/포장하다	☐
2	釣る	つる	낚시하다/낚다	☐
3	つく	つく	켜지다	☐
4	着ける	つける	담그다/절이다	☐
5	続く	つづく	계속되다/이어지다	☐
6	伝える	つたえる	전하다	☐
7	続ける	つづける	계속하다	☐
8	手伝う	てつだう	돕다	☐
9	届ける	とどける	보내다/배달하다/ 신고하다	☐
10	止める	とめる	멈추다/세우다	☐
11	止まる	とまる	멈추다	☐
12	泊まる	とまる	묵다/숙박하다	☐
13	直す	なおす	고치다	☐
14	直る	なおる	고쳐지다/치료되다/ 낫다	☐
15	治る	なおる	낫다/치료되다	☐
16	泣く	なく	울다	☐
17	亡くなる	なくなる	돌아가시다	☐
18	無くなる	なくなる	없어지다	☐
19	投げる	なげる	던지다	☐
20	慣れる	なれる	익숙해지다	☐

✏️ **문장으로 단어를 익히고 손으로 직접 써보세요**

つつ **包む**	しんぶんし　　つつ 新聞紙で包んでください。
싸다/포장하다	신문지로 포장해 주세요.
包む	新聞紙で包んでください。

つ **釣る**	さかな　つ 魚を釣りました。
낚시하다/낚다	물고기를 낚았습니다.
釣る	魚を釣りました。

つく	でんとう 電灯がつきました。
켜지다	전등이 켜졌습니다.
つく	電灯がつきました。

つ **漬ける**	きのう　つ　　　　　　　　け さ　た 昨日漬けたきゅうりを今朝食べました。
담그다/절이다	어제 절인 오이를 오늘 아침에 먹었습니다.
漬ける	昨日漬けたきゅうりを今朝食べました。

しんぶんし
新聞紙 신문지 | つつ
包む 싸다/포장하다 | さかな
魚 물고기/생선 | つ
釣る 낚시하다/낚다 | でんとう
電灯 전등 |
つく 켜지다 | きのう
昨日 어제 | つ
漬ける 담그다/절이다 | きゅうり 오이 | けさ
今朝 오늘 아침 |
た
食べる 먹다

223

[N4 동사] た행～な행 단어 쓰기 02

✏️ 문장으로 단어를 익히고 손으로 직접 써보세요

つづ**続く** 계속되다/이어지다	らいしゅう つづ 来週に続きます。 다음 주에 계속됩니다.
続く	来週に続きます。

つた**伝える** 전하다	うれ し はや つた 嬉しい知らせを早く伝えたいです。 기쁜 소식을 빨리 전하고 싶습니다.
伝える	嬉しい知らせを早く伝えたいです。

つづ**続ける** 계속하다	おそ じかん べんきょう つづ 遅い時間まで勉強を続けています。 늦은 시간까지 공부를 계속하고 있습니다.
続ける	遅い時間まで勉強を続けています。

て つだ**手伝う** 돕다	ともだち ひ こ て つだ 友達の引っ越しを手伝っています。 친구의 이사를 돕고 있습니다.
手伝う	友達の引っ越しを手伝っています。

らいしゅう つづ うれ し はや
来週 다음 주 | 続く 계속되다/이어지다 | 嬉しい 기쁘다 | 知らせ 알림/통지 | 早く 빨리
つた おそ じかん
리 | 伝える 전하다 | ~(し)たい ~(하)고 싶다 | 遅い 늦다 | 時間 시간 | ~まで ~까지
べんきょう つづ ともだち ひ こ て つだ
| 勉強 공부 | 続ける 계속하다 | 友達 친구 | 引っ越し 이사 | 手伝う 돕다

✏️ **문장으로 단어를 익히고 손으로 직접 써보세요**

<small>とど</small> **届ける**	<small>お もの こうばん とど</small> 落とし物を交番に届けました。
보내다/신고하다	분실물을 파출소에 신고했습니다.
届ける	落とし物を交番に届けました。

<small>と</small> **止める**	<small>けいさつ いんしゅうんてん くるま と</small> 警察は飲酒運転の車を止めました。
멈추다/세우다	경찰은 음주운전 차량을 세웠습니다.
止める	警察は飲酒運転の車を止めました。

<small>と</small> **止まる**	<small>れっしゃ と</small> 列車が止まりました。
멈추다	열차가 멈췄습니다.
止まる	列車が止まりました。

<small>と</small> **泊まる**	<small>おんせん りょかん と よてい</small> 温泉旅館に泊まる予定です。
묵다/숙박하다	온천 여관에 묵을 예정입니다.
泊まる	温泉旅館に泊まる予定です。

<small>お もの</small>
落とし物 분실물/유실물 | <small>こうばん</small>交番 파출소 | <small>と</small>届ける 보내다/배달하다/신고하다 | <small>けいさつ</small>警察 경찰
| <small>いんしゅ</small>飲酒 음주 | <small>うんてん</small>運転 운전 | <small>くるま</small>車 차 | <small>と</small>止める 멈추다/세우다 | <small>れっしゃ</small>列車 열차 | <small>と</small>止まる 멈추다
| <small>おんせん</small>温泉 온천 | <small>りょかん</small>旅館 여관 | <small>と</small>泊まる 묵다/숙박하다 | <small>よ てい</small>予定 예정 | ~です ~ㅂ니다

✏️ 문장으로 단어를 익히고 손으로 직접 써보세요

なお **直す**	故障した掃除機を直しました。
고치다	고장 난 청소기를 고쳤습니다.
直す	故障した掃除機を直しました。

なお **直る**	悪い習慣は簡単に直りません。
고쳐지다/치료되다	나쁜 습관은 쉽게(간단하게) 고쳐지지 않습니다.
直る	悪い習慣は簡単に直りません。

なお **治る**	彼の病気が治ることを願っています。
낫다/치료되다	그의 병이 낫기를 바라고 있습니다.
治る	彼の病気が治ることを願っています。

な **泣く**	子供が公園で泣いています。
울다	아이가 공원에서 울고 있습니다.
泣く	子供が公園で泣いています。

こしょう
故障 고장 | 掃除機 청소기 | 直す 고치다 | 悪い 나쁘다 | 習慣 습관 | 簡単 간단 |
なお
直る 고쳐지다 | 彼 그 | 病気 병/질병 | 治る 낫다/치료되다 | こと 일/것 | 願う 바라다 |
こども
| 子供 아이 | 公園 공원 | ~で ~에서 | 泣く 울다

✏️ 문장으로 단어를 익히고 손으로 직접 써보세요

な 亡くなる	そ ぼ　きょねん な 祖母は去年亡くなりました。
돌아가시다	할머니는 작년에 돌아가셨습니다.
亡くなる	祖母は去年亡くなりました。

な 無くなる	つくえ うえ　　　　ほん な 机の上にあった本が無くなりました。
없어지다	책상 위에 있던 책이 없어졌습니다.
無くなる	机の上にあった本が無くなりました。

な 投げる	と お な ボールを遠くへ投げてください。
던지다	공을 멀리 던지세요.
投げる	ボールを遠くへ投げてください。

な 慣れる	しょく ば かんきょう な 職場環境に慣れました。
익숙해지다	직장 환경에 익숙해졌습니다.
慣れる	職場環境に慣れました。

そ ぼ　　　　　　　　きょねん　　　　　　な
祖母 조모/할머니 | 去年 작년 | 亡くなる 돌아가시다 | 机 책상 | 上 위 | ~に ~에 |
つくえ　　　　　うえ
ほん　　　　　な
ある 있다 | 本 책 | 無くなる 없어지다 | ボール 공 | 遠く 먼 곳/멀리 | ~へ ~(으)로 |
な　　　　　　　　　しょく ば　　　　かんきょう　　　　　な
投げる 던지다 | 職場 직장 | 環境 환경 | 慣れる 익숙해지다

36일차 단어 미리 보기 알고 있는 단어를 체크해 보세요

번호	단어	읽는 법	뜻	체크
1	似る	にる	닮다	☐
2	逃げる	にげる	도망가다/도망치다	☐
3	盗む	ぬすむ	훔치다	☐
4	塗る	ぬる	바르다/칠하다	☐
5	濡れる	ぬれる	젖다	☐
6	眠る	ねむる	자다/잠자다	☐
7	残る	のこる	남다	☐
8	乗り換える	のりかえる	갈아타다/환승하다	☐
9	始める	はじめる	시작하다	☐
10	運ぶ	はこぶ	옮기다/나르다	☐
11	払う	はらう	지불하다	☐
12	冷える	ひえる	추워지다/차가워지다	☐
13	引っ越す	ひっこす	이사하다	☐
14	拾う	ひろう	줍다	☐
15	光る	ひかる	빛나다	☐
16	びっくりする	びっくりする	깜짝 놀라다	☐
17	増える	ふえる	늘다/증가하다	☐
18	太る	ふとる	살찌다	☐
19	踏む	ふむ	밟다	☐
20	ほめる	ほめる	칭찬하다	☐

✏️ 문장으로 단어를 익히고 손으로 직접 써보세요

に 似る	息子は夫に似ています。
닮다	아들은 남편을 닮았습니다.
似る	息子は夫に似ています。

に 逃げる	結局犯人は逃げました。
도망가다/도망치다	결국 범인은 도망쳤습니다.
逃げる	結局犯人は逃げました。

ぬす 盗む	泥棒は宝石を盗んで逃げました。
훔치다	도둑은 보석을 훔치고 달아났습니다.
盗む	泥棒は宝石を盗んで逃げました。

ぬ 塗る	汚れた壁にペイントを塗りました。
바르다/칠하다	더러워진 벽에 페인트를 칠했습니다.
塗る	汚れた壁にペイントを塗りました。

息子 아들/자식 | 夫 (나의)남편 | 似る 닮다 | 結局 결국 | 犯人 범인 | 逃げる 도망가다/도망치다/달아나다 | 泥棒 도둑 | 宝石 보석 | 盗む 훔치다 | 汚れる 더러워지다 | 壁 벽 | ~に ~에 | ペイント 페인트 | 塗る 바르다/칠하다

✏️ 문장으로 단어를 익히고 손으로 직접 써보세요

ぬ **濡れる**	あめ　　　　　　　ぬ 雨にびっしょり濡れました。
젖다	비에 흠뻑 젖었습니다.
濡れる	雨にびっしょり濡れました。

ねむ **眠る**	あか　　　　　　　　　ねむ 赤ちゃんがぐっすり眠っています。
자다/잠자다	아기가 곤히 자고 있습니다.
眠る	赤ちゃんがぐっすり眠っています。

のこ **残る**	のこ　　　た　もの　　あした　た 残った食べ物は明日食べます。
남다	남은 음식은 내일 먹을 거예요.
残る	残った食べ物は明日食べます。

の　　か **乗り換える**	つぎ　えき　の　か 次の駅で乗り換えてください。
갈아타다/환승하다	다음 역에서 갈아타세요.
乗り換える	次の駅で乗り換えてください。

あめ
雨 비 | びっしょり 흠뻑(완전히 젖은 모양) | ぬ
濡れる 젖다 | あか
赤ちゃん 아기 | ぐっす
り 곤히/푹 | ねむ
眠る 자다/잠자다 | のこ
残る 남다 | た もの
食べ物 음식 | あした
明日 내일 | た
食べる 먹다
つぎ
次 다음 | えき
駅 역 | ~で ~에서 | の か
乗り換える 갈아타다/환승하다

✏️ 문장으로 단어를 익히고 손으로 직접 써보세요

はじ **始める** 시작하다	きのう うんどう はじ 昨日から運動を始めました。 어제부터 운동을 시작했습니다.
始める	昨日から運動を始めました。

はこ **運ぶ** 옮기다/나르다	つくえ はこ 机を運んでいます。 책상을 옮기고 있습니다.
運ぶ	机を運んでいます。

はら **払う** 지불하다	かね はら りょうしゅうしょ お金を払って領収書をもらいました。 돈을 지불하고 영수증을 받았습니다.
払う	お金を払って領収書をもらいました。

ひ **冷える** 추워지다/차가워지다	ごおり た からだ ひ かき氷を食べると体が冷える。 빙수를 먹으면 몸이 차가워진다.
冷える	かき氷を食べると体が冷える。

きのう
昨日 어제 | ～から ~에서/~(로)부터 | うんどう
運動 운동 | はじ
始める 시작하다 | つくえ
机 책상 | はこ
運ぶ 옮기다/나르다 | かね
お金 돈 | はら
払う 지불하다 | りょうしゅうしょ
領収書 영수증 | もらう 받다/얻다 | かき氷 빙수 | た
食べる 먹다 | からだ
体 몸 | ひ
冷える 추워지다/차가워지다

✏️ 문장으로 단어를 익히고 손으로 직접 써보세요

<ruby>引<rt>ひ</rt></ruby>っ<ruby>越<rt>こ</rt></ruby>す 이사하다	<ruby>来月<rt>らいげつ</rt></ruby><ruby>引<rt>ひ</rt></ruby>っ<ruby>越<rt>こ</rt></ruby>します。 다음 달에 이사합니다.
引っ越す	来月引っ越します。

<ruby>拾<rt>ひろ</rt></ruby>う 줍다	<ruby>捨<rt>す</rt></ruby>てられたごみを<ruby>拾<rt>ひろ</rt></ruby>っています。 버려진 쓰레기를 줍고 있습니다.
拾う	捨てられたごみを拾っています。

<ruby>光<rt>ひか</rt></ruby>る 빛나다	<ruby>星<rt>ほし</rt></ruby>が<ruby>光<rt>ひか</rt></ruby>っています。 별이 빛나고 있습니다.
光る	星が光っています。

びっくりする 깜짝 놀라다	クラクションの<ruby>音<rt>おと</rt></ruby>にびっくりしました。 경적소리에 깜짝 놀랐습니다.
びっくりする	クラクションの音にびっくりしました。

<ruby>来月<rt>らいげつ</rt></ruby> 다음 달 ┃ <ruby>引<rt>ひ</rt></ruby>っ<ruby>越<rt>こ</rt></ruby>す 이사하다 ┃ <ruby>捨<rt>す</rt></ruby>てる 버리다 ┃ ごみ 쓰레기 ┃ <ruby>拾<rt>ひろ</rt></ruby>う 줍다 ┃ <ruby>星<rt>ほし</rt></ruby> 별 ┃ <ruby>光<rt>ひか</rt></ruby>る 빛나다 ┃ クラクション (자동차의 경적소리)경적 ┃ <ruby>音<rt>おと</rt></ruby> 소리 ┃ ~に ~에 ┃ びっくりする 놀라다

✏️ 문장으로 단어를 익히고 손으로 직접 써보세요

ふ **増える** 늘다/증가하다	ひとり ぐ ひと ふ 一人暮らしの人が増えています。 혼자 사는 사람이 증가하고 있습니다.
増える	一人暮らしの人が増えています。

ふと **太る** 살찌다	あま た ふと 甘いものを食べて太りました。 단 걸 먹어서 살쪘습니다.
太る	甘いものを食べて太りました。

ふ **踏む** 밟다	ふ ちゅう い となり ひと あし ふ 不注意で隣の人の足を踏みました。 부주의로 옆 사람의 발을 밟았습니다.
踏む	不注意で隣の人の足を踏みました。

ほめる 칭찬하다	おっと むす こ 夫は息子をほめています。 남편은 아들을 칭찬하고 있습니다.
ほめる	夫は息子をほめています。

ひとり ぐ
一人暮らし 독신 생활/혼자 삶 | 人 사람 | 増える 늘다/증가하다 | 甘い 달다 | もの
것 | 食べる 먹다 | 太る 살찌다 | 不注意 부주의 | 隣 이웃/옆 | 足 발 | 踏む 밟다 |
おっと   むす こ
夫 남편 | 息子 아들/자식 | ほめる 칭찬하다

37일차 단어 미리 보기 알고 있는 단어를 체크해 보세요

번호	단어	읽는 법	뜻	체크
1	間違える	まちがえる	틀리다/잘못하다	☐
2	回る	まわる	돌다	☐
3	参る	まいる	가다/오다	☐
4	見える	みえる	보이다	☐
5	見つかる	みつかる	발견되다/찾게 되다	☐
6	見つける	みつける	발견되다/찾다	☐
7	迎える	むかえる	맞이하다	☐
8	向かう	むかう	향하다	☐
9	召し上がる	めしあがる	드시다	☐
10	戻る	もどる	되돌아가다/되돌아오다	☐
11	止める	やめる	그만두다/중지하다/끊다	☐
12	役に立つ	やくにたつ	도움이 되다	☐
13	止む	やむ	그치다	☐
14	焼く	やく	태우다/굽다	☐
15	焼ける	やける	타다/구워지다	☐
16	揺れる	ゆれる	흔들리다	☐
17	汚れる	よごれる	더러워지다	☐
18	喜ぶ	よろこぶ	기뻐하다	☐
19	別れる	わかれる	헤어지다	☐
20	笑う	わらう	웃다	☐

✏️ 문장으로 단어를 익히고 손으로 직접 써보세요

間違える 틀리다/잘못하다	パスワードが間違えました。 비밀번호가 틀렸습니다.
間違える	パスワードが間違えました。

回る 돌다	運動場を回っています。 운동장을 돌고 있습니다.
回る	運動場を回っています。

参る 가다/오다	北海道から参りました。 홋카이도에서 왔습니다.
参る	北海道から参りました。

見える 보이다	東京タワーが見えます。 도쿄타워가 보입니다.
見える	東京タワーが見えます。

パスワード 패스워드/비밀번호 | 間違える 틀리다/잘못하다 | 運動場 운동장 | 回る 돌다

北海道 홋카이도(지명) | ~から ~에서/~(로)부터 | 参る 가다/오다 | 東京 도쿄 | タワー

타워 | 見える 보이다

✎ 문장으로 단어를 익히고 손으로 직접 써보세요

み **見つかる** 발견되다/찾게 되다	しょうこ み 証拠は見つからなかった。 증거는 발견되지 않았다.
見つかる	証拠は見つからなかった。

み **見つける** 발견하다/찾다	さが か ぐ み 探していたデザインの家具を見つけました。 찾고 있던 디자인의 가구를 찾았습니다.
見つける	探していたデザインの家具を見つけました。

むか **迎える** 맞이하다	か ぞく しんねん むか 家族と新年を迎えました。 가족과 새해를 맞이했습니다.
迎える	家族と新年を迎えました。

む **向かう** 향하다	ちょうじょう む 頂上に向かっています。 정상을 향해 가고 있습니다.
向かう	頂上に向かっています。

しょうこ み さが か ぐ
証拠 증거 | 見つかる 발견되다/찾게 되다 | 探す 찾다 | デザイン 디자인 | 家具 가구
み か ぞく しんねん むか ちょうじょう
| 見つける 발견하다/찾다 | 家族 가족 | 新年 신년/새해 | 迎える 맞이하다 | 頂上 정
む
상 | 向かう 향하다

✏️ 문장으로 단어를 익히고 손으로 직접 써보세요

召し上がる 드시다	召し上がってみてください。 드셔 보세요.
召し上がる	召し上がってみてください。

戻る 되돌아가다/되돌아오다	彼が戻ってきました。 그가 돌아왔습니다.
戻る	彼が戻ってきました。

止める 그만두다/중지하다/끊다	タバコを止めました。 담배를 끊었습니다.
止める	タバコを止めました。

役に立つ 도움이 되다	役に立てば幸いです。 도움이 된다면 다행입니다.
役に立つ	役に立てば幸いです。

召し上がる 드시다 | 彼 그 | 戻る 되돌아가다/되돌아오다 | タバコ 담배 | 止める 그만두다/중지하다/끊다 | 役に立つ 도움이 되다 | 幸い 다행/행복

✏️ **문장으로 단어를 익히고 손으로 직접 써보세요**

<ruby>止<rt>や</rt></ruby>む	<ruby>雨<rt>あめ</rt></ruby>が<ruby>止<rt>や</rt></ruby>みました。
그치다	비가 그쳤습니다.
止む	雨が止みました。

<ruby>焼<rt>や</rt></ruby>く	<ruby>魚<rt>さかな</rt></ruby>を<ruby>焼<rt>や</rt></ruby>いています。
태우다/굽다	생선을 굽고 있습니다.
焼く	魚を焼いています。

<ruby>焼<rt>や</rt></ruby>ける	パンがおいしく<ruby>焼<rt>や</rt></ruby>けました。
타다/구워지다	빵이 맛있게 구워졌습니다.
焼ける	パンがおいしく焼けました。

<ruby>揺<rt>ゆ</rt></ruby>れる	<ruby>地震<rt>じしん</rt></ruby>で<ruby>建物<rt>たてもの</rt></ruby>が<ruby>揺<rt>ゆ</rt></ruby>れています。
흔들리다	지진으로 건물이 흔들리고 있습니다.
揺れる	地震で建物が揺れています。

<ruby>雨<rt>あめ</rt></ruby> 비 | <ruby>止<rt>や</rt></ruby>む 그치다 | <ruby>魚<rt>さかな</rt></ruby> 생선/물고기 | <ruby>焼<rt>や</rt></ruby>く 태우다/굽다 | パン 빵 | おいしい 맛있다
<ruby>焼<rt>や</rt></ruby>ける 타다/구워지다 | <ruby>地震<rt>じしん</rt></ruby> 지진 | ~で ~(으)로 | <ruby>建物<rt>たてもの</rt></ruby> 건물 | <ruby>揺<rt>ゆ</rt></ruby>れる 흔들리다

✏️ 문장으로 단어를 익히고 손으로 직접 써보세요

よご **汚れる** 더러워지다	ふく よご 服が汚れました。 옷이 더러워졌습니다.
汚れる	服が汚れました。

よろこ **喜ぶ** 기뻐하다	こ ども よろこ 子供はプレゼントをもらって喜んでいます。 아이는 선물을 받고 기뻐하고 있습니다.
喜ぶ	子供はプレゼントをもらって喜んでいます。

わか **別れる** 헤어지다	かのじょ わか 彼女と別れました。 그녀와 헤어졌습니다.
別れる	彼女と別れました。

わら **笑う** 웃다	あか わら 赤ちゃんがにっこり笑っています。 아기가 방긋 웃고 있습니다.
笑う	赤ちゃんがにっこり笑っています。

ふく よご こ ども よろこ
服 옷 | 汚れる 더러워지다 | 子供 아이 | プレゼント 선물 | もらう 받다/얻다 | 喜ぶ
かのじょ わか あか わら
기뻐하다 | 彼女 그녀 | 別れる 헤어지다 | 赤ちゃん 아기 | にっこり 방긋/생긋 | 笑う
웃다

Part 6.

N4 부사 · 접속사

38일차 단어 미리 보기 알고 있는 단어를 체크해 보세요

번호	단어	읽는 법	뜻	체크
1	いっぱい	いっぱい	가득	☐
2	必ず	かならず	반드시/꼭	☐
3	代わりに	かわりに	대신에	☐
4	急に	きゅうに	갑자기	☐
5	決して	けっして	결코(부정어 따름)	☐
6	しばらく	しばらく	잠깐/잠시/당분간	☐
7	ずいぶん	ずいぶん	몹시/아주/대단히/ 상당히/꽤	☐
8	ぜひ	ぜひ	꼭/반드시	☐
9	全然	ぜんぜん	전혀(부정어 따름)	☐
10	そろそろ	そろそろ	슬슬	☐
11	たまに	たまに	가끔	☐
12	特に	とくに	특히	☐
13	早く	はやく	빨리/일찍	☐
14	ほとんど	ほとんど	거의	☐
15	また	また	또/또한	☐
16	まもなく	まもなく	곧/머지않아	☐
17	もうすぐ	もうすぐ	이제 곧	☐
18	けれども	けれども	그러나/하지만	☐
19	それで	それで	그래서/그러므로	☐
20	または	または	또는	☐

✏️ 문장으로 단어를 익히고 손으로 직접 써보세요

いっぱい	部屋の中が煙でいっぱいです。
가득	방 안이 연기로 가득합니다.
いっぱい	部屋の中が煙でいっぱいです。

必ず	今度の試合は必ず勝ちたいです。
반드시/꼭	이번 시합은 꼭 이기고 싶습니다.
必ず	今度の試合は必ず勝ちたいです。

代わりに	ご飯の代わりにお粥を食べました。
대신에	밥 대신에 죽을 먹었습니다.
代わりに	ご飯の代わりにお粥を食べました。

急に	急に夕立が降りました。
갑자기	갑자기 소나기가 내렸습니다.
急に	急に夕立が降りました。

部屋 방 | 中 ~안 | 煙 연기 | いっぱい 가득 | 今度 이번/금번 | 試合 경기/시합 | 必ず 반드시/꼭 | 勝つ 이기다/승리하다 | ~(し)たい ~(하)고 싶다 | ご飯 밥 | 代わりに 대신에 | お粥 죽 | 食べる 먹다 | 急に 갑자기 | 夕立 소나기 | 降る (눈·비 등이)내리다/오다

✏️ 문장으로 단어를 익히고 손으로 직접 써보세요

決(けっ)して	決(けっ)して事実(じじつ)ではありません。
결코(부정어 따름)	결코 사실이 아닙니다.
決して	決して事実ではありません。

しばらく	しばらく休職中(きゅうしょくちゅう)です。
잠깐/잠시/당분간	잠시 휴직중입니다.
しばらく	しばらく休職中です。

ずいぶん	ずいぶん余裕(よゆう)があるようですね。
몹시/아주/대단히/꽤	상당히 여유가 있는 것 같네요.
ずいぶん	ずいぶん余裕があるようですね。

ぜひ	ぜひお会(あ)いしたいです。
꼭/반드시	꼭 만나고 싶습니다.
ぜひ	ぜひお会いしたいです。

決(けっ)して 결코(부정어 따름) | 事実(じじつ) 사실 | ~ではありません ~이/가 아닙니다 | しばら
く 잠깐/잠시/당분간 | 休職(きゅうしょく) 휴직 | ~中(ちゅう) ~중 | ~です ~ㅂ니다 | ずいぶん 몹시/아주/대
단히/상당히/꽤 | 余裕(よゆう) 여유 | ぜひ 꼭/반드시 | 会(あ)う 만나다 | ~(し)たい ~(하)고 싶다

✏️ **문장으로 단어를 익히고 손으로 직접 써보세요**

ぜんぜん **全然**	**ぜんぜんつか** 全然使わないです。
전혀(부정어 따름)	전혀 사용하지 않습니다.
全然	全然使わないです。

そろそろ	**かえ** そろそろ帰ります。
슬슬	슬슬 가보겠습니다.
そろそろ	そろそろ帰ります。

たまに	**おく とき** たまに遅れる時もあります。
가끔	가끔 늦을 때도 있습니다.
たまに	たまに遅れる時もあります。

とく **特に**	**ち いき とく そだ** この地域は特にパイナップルがよく育ちます。
특히	이 지역은 특히 파인애플이 잘 자랍니다.
特に	この地域は特にパイナップルがよく育ちます。

ぜんぜん 全然 전혀 | つか 使う 사용하다 | そろそろ 슬슬 | かえ 帰る 돌아가다/돌아오다 | たまに 가끔 |
おく 遅れる 늦다 | とき ~時 ~때 | ~も ~도/~이나 | あります 있습니다 | この 이 | ち いき 地域 지역
| とく 特に 특히 | パイナップル 파인애플 | よく 잘/충분히 | そだ 育つ 자라다/성장하다

✏️ 문장으로 단어를 익히고 손으로 직접 써보세요

^{はや}早く	^{いち じ かん} ^{はや} ^つ １時間も早く着きました。
빨리/일찍	한 시간이나 일찍 도착했습니다.
早く	１時間も早く着きました。

ほとんど	^{すべ} ^{ひと} ^{はんたい} ほとんど全ての人が反対しています。
거의	거의 모든 사람이 반대하고 있습니다.
ほとんど	ほとんど全ての人が反対しています。

また	^き また来ます。
또/또한	또 오겠습니다.
また	また来ます。

まもなく	^{えい が} ^{はじ} まもなく映画が始まります。
곧/머지않아	곧 영화가 시작됩니다.
まもなく	まもなく映画が始まります。

^{じ かん}
時間 시간 | ～も ~도/~이나 | ^{はや}早く 빨리/일찍 | ^つ着く 도착하다 | ほとんど 거의 | ^{すべ}全て
전부/모두 | ^{ひと}人 사람 | ^{はんたい}反対 반대 | また 또/또한 | ^く来る 오다 | まもなく 곧/머지않아 |
^{えい が}
映画 영화 | ^{はじ}始まる 시작되다

✏️ 문장으로 단어를 익히고 손으로 직접 써보세요

もうすぐ	もうすぐ試合が終わります。
이제 곧	이제 곧 경기가 끝납니다.
もうすぐ	もうすぐ試合が終わります。

けれども	時間はある。けれどもすることがない。
그러나/하지만	시간은 있다. 하지만 할 일이 없다.
けれども	時間はある。けれどもすることがない。

それで	小遣いをもらった。それで気分がいい。
그래서/그러므로	용돈을 받았다. 그래서 기분이 좋다.
それで	小遣いをもらった。それで気分がいい。

または	英語または中国語で話してください。
또는	영어 또는 중국어로 말해 주세요.
または	英語または中国語で話してください。

もうすぐ 이제 곧 | 試合 경기/시합 | 終わる 끝나다 | 時間 시간 | けれども 그러나/
하지만 | ない 없다 | 小遣い 용돈 | もらう 받다/얻다 | それで 그래서/그러므로 | 気分
기분 | いい 좋다 | 英語 영어 | または 또는 | 中国語 중국어 | 話す 말하다/이야기하다

부록

플러스 단어

가타카나
100

✎ 단어와 읽는 법, 의미를 손으로 직접 써보세요

アパート		エレベーター	
아파트		엘리베이터	
オートバイ		コップ	
오토바이		컵	
カメラ		カレー	
카메라		카레	
カレンダー		ギター	
달력(캘린더)		기타	
キロ(キログラム)		キロ(キロメートル)	
킬로(킬로그램)		킬로(킬로미터)	
クラス		グラス	
클래스(반)		글라스(유리로 된 컵)	
コート		コーヒー	
코트		커피	
コピー		シャツ	
복사		셔츠	
シャワー		スイッチ	
샤워		스위치	
スカート		スキー	
스커트/치마		스키	

✎ 단어와 읽는 법, 의미를 손으로 직접 써보세요

ストーブ		スプーン	
스토브		스푼/숟가락	
スポーツ		ズボン	
스포츠		바지	
スリッパ		セーター	
슬리퍼		스웨터	
ゼロ		タクシー	
제로, 영		택시	
テープ		テーブル	
테이프		테이블/탁자	
テスト		テニス	
테스트/시험		테니스	
デパート		テレビ	
백화점		텔레비전	
ドア		トイレ	
문		화장실	
ナイフ		ニュース	
나이프/칼		뉴스	
ネクタイ		ノート	
넥타이		노트	

✏️ 단어와 읽는 법, 의미를 손으로 직접 써보세요

パーティー		バス	
파티		버스	
バター		パン	
버터		빵	
ハンカチ		ピアノ	
손수건		피아노	
フィルム		プール	
필름		풀장/수영장	
フォーク		ページ	
포크		페이지/쪽	
ベッド		ペン	
침대		펜	
ボールペン		ポケット	
볼펜		주머니	
ポスト		ボタン	
우체통		버튼/단추	
ホテル		マッチ	
호텔		성냥	
メートル		ラジオ	
미터(단위)		라디오	

840/860

단어와 읽는 법, 의미를 손으로 직접 써보세요

レコード 레코드		**レストラン** 레스토랑	
ワイシャツ 와이셔츠		**アクセサリー** 액세서리	
アルバイト 아르바이트		**イベント** 이벤트	
エスカレーター 에스컬레이터		**オーバー** 오버	
カーテン 커튼		**カード** 카드	
ガス 가스		**ガソリン** 가솔린/휘발유	
ガソリンスタンド 주유소		**グラム** 그램	
ケーキ 케이크		**ゲーム** 게임	
コンサート 콘서트		**コンピューター** 컴퓨터	
サービス 서비스		**サラダ** 샐러드	

✏️ 단어와 읽는 법, 의미를 손으로 직접 써보세요

サンダル		サンドイッチ	
샌들		샌드위치	
ジャム		スーツ	
잼		슈트/정장	
スープ		スクリーン	
스프		스크린	
ステーキ		チェック	
스테이크		체크	
チケット		テキスト	
티켓		텍스트/교과서	
パートタイム		パソコン	
파트타임		컴퓨터	
ビル		プレゼント	
빌딩		선물	
ベル		メール	
벨		메일	
ルール		レシート	
룰/규칙		영수증	
レポート		ワープロ*	
리포트		워드프로세서	

* ワープロ : ワードプロセッサー 의 줄임말

기적의 쓰기 학습법으로 공부하는
JLPT N4+N5 일본어 단어 쓰기 노트

1판 1쇄 발행   2021년 8월 20일

1판 3쇄 발행   2023년 11월 10일

저   자   박다진

펴 낸 이   최수진

펴 낸 곳   세나북스

제   작   넥스트 프린팅

출 판 등 록   2015년 2월 10일 제300-2015-10호

주   소   서울시 종로구 통일로 18길 9

홈 페 이 지   http://blog.naver.com/banny74

이 메 일   banny74@naver.com

전 화 번 호   02-737-6290

팩   스   02-6442-5438

I S B N   979-11-87316-88-6 13730